品詞論再考

ひつじ研究叢書〈言語編〉

第 83 巻	英語研究の次世代に向けて	吉波弘・中澤和夫・武内信一・外池滋生 川端朋広・野村忠央・山本史歩子 編
第 84 巻	接尾辞「げ」と助動詞「そうだ」の通時的研究	漆谷広樹 著
第 85 巻	複合辞からみた日本語文法の研究	田中寛 著
第 86 巻	現代日本語における外来語の量的推移に関する研究	橋本和佳 著
第 87 巻	中古語過去・完了表現の研究	井島正博 著
第 88 巻	法コンテキストの言語理論	堀田秀吾 著
第 89 巻	日本語形態の諸問題	須田淳一・新居田純野 編
第 90 巻	語形成から見た日本語文法史	青木博史 著
第 91 巻	コーパス分析に基づく認知言語学的構文研究	李在鎬 著
第 92 巻	バントゥ諸語分岐史の研究	湯川恭敏 著
第 93 巻	現代日本語における進行中の変化の研究	新野直哉 著
第 95 巻	形態論と統語論の相互作用	塚本秀樹 著
第 97 巻	日本語音韻史の研究	高山倫明 著
第 98 巻	文化の観点から見た文法の日英対照	宗宮喜代子 著
第 99 巻	日本語と韓国語の「ほめ」に関する対照研究	金庚芬 著
第 100 巻	日本語の「主題」	堀川智也 著
第 101 巻	日本語の品詞体系とその周辺	村木新次郎 著
第 103 巻	場所の言語学	岡智之 著
第 104 巻	文法化と構文化	秋元実治・前田満 編
第 105 巻	新方言の動態 30 年の研究	佐藤髙司 著
第 106 巻	品詞論再考	山橋幸子 著
第 107 巻	認識的モダリティと推論	木下りか 著

ひつじ研究叢書
〈言語編〉
第106巻

品詞論再考
名詞と動詞の区別への疑問

山橋幸子 著

ひつじ書房

はじめに

　「名詞」と「動詞」とは、およそ世界中の誰もが一度は聞いたことがあると言っても過言ではない。「名詞」はものを指し、「動詞」は動きを指すというのが常識とされている。これらの歴史は長く、古典期ギリシャのプラトン（$Πλάτων$, Plato 紀元前427–紀元前347）、アリストテレス（$Ἀριστοτέλης$, Aristotle 紀元前384–紀元前322）に遡るとされ、世界中の人間言語に普遍的で必須の区別として、そして品詞論の出発点として2300年以上もの長きに渡り継承されている。

　現代日本語においてもこの区別は基本的に受け入れられ、「名詞」は具体物を指し、主格を表わす「–が」と結合して文中で主語になるが、時制を表わす「–る（非過去）／–た（過去）」とは結合しない。一方、「動詞」は行為や状態を指し、主格を表わす「–が」とは結合しないが、時制を表わす「–る／–た」とは結合して文中で述語になるというのが通説となっている。しかし、この二分法に矛盾する語彙項目が日本語には存在する。例えば、「錆び（錆）」であるが、「自転車が　錆び-た」のように、過去の時制を表わす「–た」と結合して文中で述語として用いられると同時に、「自転車に　錆-がついた」のように、主格を表わす「–が」と結合して主語としても用いられる。このような語彙項目は日本語の語彙全体から見るとそれほど多くはないが、例外とするほど少なくはない。これらは言語学上、「動詞」の連用形が「名詞化」した「（連用形）転成名詞」として一般に扱われている。「名詞」と「動詞」の区別を前提とした分析であるが、今なお未解決の問題を抱えている。

　本書はこのような語彙項目の存在に注目し、「名詞」と「動詞」の区別自体に疑問を呈しているのではないのか、という考えから出発している。そして、「名詞」と「動詞」の起源とされるアリスト

テレスによる言葉と実在世界との関係——「ὄνομα・ῥῆμα=主語・述語=実体・属性」——と向かい合う時、そこに論点先取りという論理上の問題を見出す。

　「範疇論の原理の最初の作者」とされる古典期ギリシャの哲学者への疑問を念頭に本書が取り組むのは、「名詞」と「動詞」を基本的区分とした品詞論の再考であり、現代日本語における語類の解明である。

　このゴールを目指し本書では、「単語」の規定及び語類における形式と意味との相関解明と取り組む。単語は従来と異なり純粋に音声的に規定されるピッチユニットと規定、「助詞」や「助動詞」は単語の構成要素とする。

　語類体系の確立には、Susan Steele（1988）による分類原理を適用、主格及び時制を表わす両要素との結合性を基に、日本語の語彙的意味を有する要素「語基」は形式上まずもって四つの類（範疇）に区分されることを提案する。①主格の接尾辞と結合できるが、時制の接尾辞とは結合できない［＋主格；－時制］の類、②主格の接尾辞とは結合できないが、時制の接尾辞と結合できる［－主格；＋時制］の類、③両接尾辞とも結合できる［＋主格；＋時制］の類、④いずれの接尾辞とも結合できない［－主格；－時制］の類である。そして、意味との間に高度に体系的な相関関係があることを論証する。また、文中の用法を通し、単語が独自の言語単位であり、語の形態論的特徴も意味も文中の機能からは予測できないことも示す。

　本書で提案する主要な四類はどれ一つも、言語普遍的とされる「名詞」や「動詞」と置き換えることはできない。しかし、語類の規定に対する違いはあるが、システム自体はイェスペルセン（Otto Jespersen 1860-1943）が「ユークリッド幾何学に見られる精密さ」と指摘した古代ローマのワロー（M. T. Varro 紀元前116-紀元前27）によるラテン語の語類体系と同じである。また、「転成」の問題のみならず、「形容動詞」の問題等これまで抱えていた品詞にまつわる問題も解決される。本書が正しければ、日本語という言語の文法構造は、伝統の二区分より精密に区分されたこの語類体系を土台として構築されていることになる。しかし、伝統の「名

詞」と「動詞」の区別、そしてそれを基本的区分とした語の分類に疑義を呈することになる。

　いわゆる「品詞」をめぐる議論は、長い歴史をたどり今なお定着していない。本書の提案は序論にしかすぎないが、誰もがその存在を疑うことの出来ない言語的事実を基に論理的関係性を応用した、これまでとは全く異なるアプローチの試みの結果である。日本語のみならず他の言語のこれからの品詞の研究に一石を投じ、言語的普遍性の研究にも貢献できることを心から願う。また、本書は主語-述語形式という単純な命題文と存在を関連付けた古典期ギリシャの哲学者の品詞論を辿ることで、存在論の領域にも多少立ち入っている。そして、日本人は森羅万象のこの世界をまずもって四区分し、言葉の区分と対応させており、アリストテレスとは異なる日本語特有の存在論があることも示した。今後の存在の研究に何らかのヒントとなることを願う。更に、本書を通して、我々日本人の先人達の世界観に思いを馳せ、日本語というものがいかに論理的な言語であるかを共に感じて頂けたら、筆者としてこれに過ぎたる喜びはない。

　なお、本書はアリゾナ大学大学院（言語学研究科）提出の博士論文 *Resolving the problem of Japanese no: An analysis of words*（1988年）、*Language and Linguistics Compass*（2010年3月 Blackwell Publishing Ltd. Oxford）掲載の論文 "Teaching Lexical Categories and Learning about Lexical Categories from Teaching"、『科学哲学』43-1（2010年　日本科学哲学会）掲載の論文「日本語から見た言葉と世界との関係―アリストテレスへの疑問―」、更に、『札幌大学総合論叢』第27号（2009年　札幌大学）掲載の「転成名詞の別の見方」、『比較文化論叢』23（2009年　札幌大学文化学部）掲載の「和語における『形容詞』と『形容動詞』の区別―形式と意味との関りを中心に」を基に、一冊の本として加筆修正して書き改めたものである。全体的な統一を取るために、以前の考えや用語を修正している部分もあるし、以前の考えを補強したところもある。全く新たに書き加えたところもある。必要に応じて、適宜注に記す。

目　次

　　はじめに　　　　　　　　　　　　　　　　　　　　V

第1章　序論　　　　　　　　　　　　　　　　　　　I
1. ゴール　　　　　　　　　　　　　　　　　　　　I
2. 「品詞」にまつわる諸問題　　　　　　　　　　　2
    2.1 分類基準　　　　　　　　　　　　　　　　2
    2.2 分類対象　　　　　　　　　　　　　　　　4
    2.3 「品詞」か「語類」か　　　　　　　　　　6
    2.4 日本語における諸問題　　　　　　　　　　8
3. 前提と分析上の留意点　　　　　　　　　　　　12
    3.1 前提　　　　　　　　　　　　　　　　　　12
    3.2 分析対象の限定　　　　　　　　　　　　　15
4. 本書の構成　　　　　　　　　　　　　　　　　16

第2章　古典期ギリシャの哲学者の品詞論　　　　　21
1. プラトンによる「オノマ」と「レーマ」の区別　21
2. アリストテレスによる言葉と世界との関係　　　22
3. 「オノマ」と「レーマ」の扱い　歴史的展望　　25
4. アリストテレスへの疑問　　　　　　　　　　　32

第3章　「転成分析」「（連用形）転成名詞」再考　41
1. 「転成名詞」とは　　　　　　　　　　　　　　41
2. 「転成名詞」をめぐる経験上の問題点　　　　　43
3. 「転成名詞」の理論上の問題点と別の見方　　　47

第4章　単語とは　　　　　　　　　　　　　　　　53
1. 日本語における「単語」をめぐる論争　　　　　53
2. 単語の規定　音声的単位としての単語　　　　　57

2.1　日本語のアクセントについて　　　　　　　　　　　58
　　2.2　音韻論的語の存在　　　　　　　　　　　　　　　59
　　2.3　単語の音声的規定による帰結　「助詞」と「助動詞」に関して　62

第5章　日本語（和語）の語類　形式上の分類　　　　　　67
　1. 語の分類原理　　　　　　　　　　　　　　　　　　67
　2. 分類対象の解明　単語の構成要素　　　　　　　　　70
　　2.1　「接尾辞」(Suffix)　　　　　　　　　　　　71
　　2.2　「語基」(base)　　　　　　　　　　　　　　73
　　2.3　「派生辞」(Affix)　　　　　　　　　　　　75
　3. 分類基準の解明　語基との関係における接尾辞の分布　76
　4. 提案　「語基」の形式上の主要四類　　　　　　　　83
　　4.1　形式上の分類の境界について　　　　　　　　　86
　　4.2　提案の語類体系から引き出される三つの帰結　　87
　　　4.2.1　「転成名詞」に関して　　　　　　　　　87
　　　4.2.2　副詞に関して　　　　　　　　　　　　　89
　　　4.2.3　「形容詞」と「形容動詞」に関して　　　90
　5. ワロー（M.T. Varro）による語類体系との違い　　91

第6章　日本語（和語）の語類と意味との相関関係　　　97
　1. ［＋主格；－時制］及び［－主格；＋時制］の類　　97
　2. ［＋主格；＋時制］の類　　　　　　　　　　　　100
　　2.1　［＋主格；＋時制］の成員　　　　　　　　　100
　　2.2　［＋主格；＋時制］の指示対象　　　　　　　102
　　　2.2.1　具体物　　　　　　　　　　　　　　　102
　　　2.2.2　抽象物　　　　　　　　　　　　　　　106
　　2.3　［＋主格；＋時制］の成員の文中における用法　110
　3. ［－主格；－時制］の類　　　　　　　　　　　　114
　　3.1　副詞　　　　　　　　　　　　　　　　　　114
　　3.2　「形容動詞」（ナ-形容詞）　　　　　　　　　116
　　　3.2.1　「形容動詞」の成員　　　　　　　　　117
　　　3.2.2　「形容動詞」の指示対象　　　　　　　118
　　　3.2.3　「形容動詞」の文中における用法　　　123
　4. おわりに　　　　　　　　　　　　　　　　　　　124

参考文献　131

あとがき　141

索引　143

第1章
序論

1. ゴール

　いわゆる「品詞」分類は文法構造の基盤をなすものであり、実際どの言語においても語彙項目は分類される。しかし、その種類も特徴も言語により必ずしも同じではない。品詞の区別は言語毎に異なるというのが一般的な認識である。しかし、「名詞」と「動詞」の区別だけは別である。品詞論の出発点とされ言語普遍的必須の区分として、あたかも所与のものであるかの如く古来受け入れられてきている。本書は伝統のこの二区分の背後にある根本原理を検証し、日本語における語類の解明を試みる。

　このゴールを目指し、二つの大きな課題と取り組む。一つは「単語」（単に「語」とも言う）の規定であり、他は語類における形式と意味との相関の解明である。単語は語類を論じる上で避けて通ることのできない重要な概念であるが、今も議論は終結していない。本書では音韻論を文法論と関連させ、単語を音声的に規定される言語単位とし、「助詞」や「助動詞」の単語としての資格について解明する。

　語類の解明には、語彙要素が意味上分類され形式上の分類に対応しているという仮説の下、Susan Steele（1988）の分類原理──語の土台となる語彙的意味を有する要素「語基」が分類対象であり、閉じたクラスの要素（閉鎖的語類）*1 の一部が分類基準となる──を日本語に適用する。従って、まず単語の構成要素としての「語基」を規定し、分類基準となる要素を認定した上で、「語基」を形式上分類する。意味との関係解明には、名詞と動詞の区別に対立する二つの類に焦点を当てその成員の指示対象である実在存在の特徴を究明する。また、これらの成員の文中における用法を通して、単

語の文との関わり、及び、時を基にした範疇間の区別について検証し、「名詞」と「動詞」の区別、そしてそれを基本的区分とした統語論的考察に基づく語の分類の意義について解明する。

「日本語文法の研究が世界の諸言語の文法研究や言語の普遍性に関する研究に対して、(一部の例外を除いて)今までのところあまり大きな貢献をしていない」(益岡隆志 1987：7)とされる。本書は最終的に日本語のみならず世界の諸言語の「品詞」分類の研究及び言語的普遍性の研究に貢献することを目指している。

2.「品詞」にまつわる諸問題

「単語」の種類を、日本語では一般に「品詞」、英語では"parts of speech"(談話／発話の部分)と呼んでいる。品詞の歴史は長く、世界の諸言語を対象にこれまで多くの研究がなされているが、今もって未解決の問題が山積、議論の終結には程遠い。問題の発端に、品詞にまつわる以下のような様々のことが解明されていないことが挙げられる。

2.1 分類基準

品詞分類の議論をめぐる最も重要な概念の一つに分類基準がある。通常取り上げられるのは、語に備わる三つの側面、つまり、意味論的、形態論的、統語論的特徴であるが、どの特徴に基づいて語が分類されるのか、今も議論は終結していない。一般には、「品詞とは、文法上の共通の特徴をもった単語のグループのことである」(村木新次郎 1996：20)とし、統語論的特徴が分類基準に最優先されている(同上 p. 24；奥津敬一郎 1986；寺村秀夫 1982 他)。他の言語においても同様である(R.H. Robins 1964：225-230、Mark C. Baker 2003 他参照)。山田小枝(1996)は、「どの言語でも、何らかの統語的規準を用いて統語的に同じはたらきをするものを見つけだし同じ類に属させる手続きが可能である。統語的規準を使えば中国語のように特別な語形と品詞が結びつかない言語でも品詞分類は可能なのである」(p. 11)、「品詞とは文の統語構造の中で文法記

号と自然言語の語彙とのつなぎ目に表れる記号のことであり、統語基準によってのみ識別されるものだ」（同上 p. 12）として、統語的基準の普遍性を主張している。しかし、実際はそう単純ではない。村木新次郎（1996）も、

> まったく問題が存在しないわけではない。主要な単語のグループである名詞・動詞・形容詞といった単語はその統語的機能が単一ではなく、いくつかの機能をあわせもっていて、統語的機能の点で、それぞれが固有の機能をもち、他と完全に背反する関係にあるのではないということである。それぞれが、主要なはたらきと副次的なはたらきとをそなえていて、いわば相対的に分類されているという性格をもっているのである。こうして、文法的な特徴にもとづく単語の分類に際しては、統語的な機能というのが最優先されなければならない。ただし、……それの形態的、意味的な側面が無視されてよいということを意味しない。　　　　　　　　　　　　　　　　　　　　　　（p. 24）

と述べ、「その統語的機能は単語の形態構造や意味とふかくかかわっていて、結局、品詞とは、単語の機能・形態・意味の諸特徴の総体による体系であるといわざるをえない」（同上 pp. 29–30）と結んでいる。（村木新次郎 2010 も同様である。）しかし、このことのもたらす問題は深刻である。

　例えば、北米の太平洋岸北西地域の Wakashan 及び Salish 語族や一部の Austronesian（オーストロネシア）語族のようにある語族では名詞と動詞の区別の有無についての論争があるが、これらは主として、語形変化のパラダイム、統語論的分布、意味論的要素等のどれを重要な根拠としているかが一致していない点にあると Mark C. Baker（2003：10）は述べている。例えば、Wakashan 語族の Nootka（ヌートカ語）に関し、Morris Swadesh（1939）では、「男」等のような名詞的意味の語の語幹が時制の接尾辞を伴い copula 無しで述語になり、「働く」等のような動詞的意味の語の語幹が定性を表わす接尾辞を伴い主語になることに注目して名詞と動詞の区別はないとしている。しかし、William Jacobsen（1979）では、名詞的意味の語と異なり動詞的意味の語は定性の接尾辞無しで

は主語になれないことを取り上げて、他の多くの言語程明確ではないが、名詞と動詞の区別はあるとしている。また、第5章で詳述するようにSusan Steele（1988）では、閉じたクラスの要素である接頭辞 possessive と接尾辞 absolutive を基準に、南カリフォルニア州で話されている Uto-Aztecan 語族の一つである Luiseño（ルイセーノ）語を分類し、名詞と動詞の区別は意味をなさないとしている。日本語においては Sachiko Yamahashi（2010）及び山橋幸子（2010）が主格及び時制の接尾辞を基準に名詞と動詞の区別に疑義を呈している。また、1.2.4節で後述するように、形容詞及び形容動詞の品詞体系上の扱いに関する議論も古くからあり、その他にも品詞分類上問題となる語が多く存在する（鈴木重幸1996：74–83他参照）。いずれも基準の問題が根底にある。本書は言語の普遍性を念頭に、日本語の語類体系の確立に有効な基準を明らかにするものである。

2.2　分類対象

「品詞」は「単語」（「語」）の種類とされているように、分類の対象は単語ということになっているが、厳密には学者により異なる。例えば鈴木重幸（1996）は、日本語における「品詞分類の対象としての単語は文の基本的な材料としての単語であって、現に文のなかで文の構造に参加している単語（構文論的に形づけられた単語形式）ではない……品詞分類にとっては、現に単語が文のなかでどのような成分（あるいはそれの要素）として機能しているかは問題ではなく、そのようなものとして機能するという単語の構文的な能力、特性が問題になるのである」（p. 60）として、一般的抽象的な単語としての「語彙素」を分類の対象と見なしている。「例えば、単語／よむ／は『よむ、よんだ、よもう……』等の単語形式で表示できる。語彙素としては、『よむ、よんだ、よもう、……』などのあいだの形態論的な形のちがいは問題にされない。ふつうそのうちの一つ『よむ』が代表形としてその単語の表示にもちいられる」（同上）と述べている。斎藤倫明（1992）、村木新次郎（1996）、仁田義雄（2000）等も基本的に同じである。しかし、第2章3節で述べるよ

うに、今日見られる最古の品詞分類として言語学の最初に位置づけられるアレキサンドリア文法学派のディオニュシオス・トラクス（Dionysius Thrax 紀元前170–紀元前90）によるギリシャ語の八語類（word class）（八品詞）では、語形変化して文中に現れている単語形式が分類対象であった。古代ローマの学者ワローによるラテン語の語類も同じで、parts of speech（発話の部分）としての文字通りの「品詞」分類であり、屈折により語形変化した文中の語が対象である（詳細は第5章5節参照）。一方で、常に変わらず一様なものとしての「語幹」を語類の分類対象とする学者もいる。以下はR. H. Robins（1964：230 ［西野和子・藤森一明訳1970：256］）からの引用である。

> 言語学者のうちには可変語について、'語類'を云々するのを好まない者もいる。その代わりに'語幹類'（stem class）という術語を用いる。（'語幹'（stem）は一つの類に属するすべての変化形式に共通なる部分を表わす。すなわち、語幹とは、英語 love あるいはラテン語／am-／（=to love）におけるごとく、語根と同じ広がりをもつものか、英語 lovely、ラテン語 /ama:bil-／（=lovely）におけるごとく、語根と1個ないしそれ以上の接辞を含むものである）。なぜかといえば、同じ変化系列内の諸語形にしても、形態論的にもあるいは統語論的にも一様なものではないが、語幹は常に変わらず一様なものであると彼等は主張する*2。

同様にSusan Steele（1988）もLuiseño語の分析において、語彙的意味を有する要素——ニュートラルな意味でbase（語基）——を分類対象としており、形式と意味との対応関係を論じている。但し、伝統の名詞と動詞の区別は前提としていない（詳細は第5章1節）。

以上、単語（語）の分類と一口に言っても、厳密な意味での分類対象は学者により異なり、何をもって語類とするのか、その対象も未だ定着していない。また、日本語では、「なにを単語とするかという単語の認定をめぐって諸説あり、共通の理解が得られていない。品詞論は、この単語の認定のいかんによって大きく異なってくる」（村木新次郎1996：20）ともされている。

本書では単語を認定し、語彙項目が意味を有するゆえに意味上区分され、且つ形式と対応しているという見地から語類の分類対象を「語基」とするが、語の分類には母語話者の世界観が関わっているという観点から分析の対象を本章の3.2節で詳述するように更に限定する。

2.3 「品詞」か「語類」か

既述のように、単語の分類には「品詞」、つまり、"parts of speech"という用語が慣例的に用いられている。parts of speechという概念は、古典期ギリシャにまで遡り、ヨーロッパ諸言語の研究において古くから用いられているが、これと同様に並んで頻繁に使われている用語に"word class"「語類」がある。日本語においても山田小枝（1996）は、parts of speechはシンタグム関係、語類はパラダイム関係と結びついているとして、「品詞の役割を積極的に評価するとしたら、それは文構造を論ずるときに統語的共通点を有し、従って特定の構造の中で用いることのできる語を一まとめにできるという点である。parts of speechと呼ぼうとword classと名付けようといちばん重要なのはその点であり、分類にはパラダイム・シンタグム両方の関係への目配りが必要となっている。このことをはっきりさせておけば、どちらの名前を使おうと差し支えない」(p.7) としている。しかし、parts of speech（品詞）と word class（語類）とを明確に区別する学者もいる。例えば、デンマークの言語学者ルイス・イェルムスレウ（1928）は、文法範疇には「意義部（sémantème）の範疇」、「形態部（morphéme）の範疇」、「機能範疇」（catégorie fonctionnelle）の3種があるとする（小林英夫訳 1958：137-138；170-172）。「形態部の範疇」は概念間の関係を表わし、数や人称等がある。「意義部の範疇」は意義範疇であり、概念の範疇を表わす。各「意義部」は他の意義部や形態部と結合する文法的機能を持ち、与えられた概念の諸関係の可能性を表わす。この機能を同じくする意義部の範疇を「機能範疇」（catégorie fonctionnelle）と呼び、通称「話部」（parties du discours, parts of speech、「品詞」）に相当する。一方、しばしば混用されることのあ

る「語類」(classes de mots)は、意義部の部類を特性とするものであり、文法的性質のものではなく文法範疇には所属しないとして「品詞」との違いを強調している（同上 p. 160-162; 171-172 参照）。小林英夫（1973）もルイス・イェルムスレウの立場を支持し『ソシュール 一般言語学講義』（付録）の中で以下のように述べている。

> 品詞 ——parties du discours. 品詞という日本語は「語類」(classe de mots, Wortklasse) という用語を想わせる。ところで後者は意義部（sémantéme）の部類という意味にほかならない。しかるに p. du. ds.［parties du discours］（直訳すれば「話線の部分」）とは、ある意義部が他の意義部と・あるいは形態部（morphéme）と結合する性能（faculté）の範疇、すなわち機能範疇（catégorie fonctionnelle）をいうのであるから、両者はまったくべつものである。　　　　　　　（p. 425）

このように、語の分類にしばしば用いられる術語——「語類」(word class) 及び「品詞」(parts of speech) ——の扱いも学者間で異なる。また、アメリカ構造主義の言語学者チャールズ C. フリーズ（1952）は *The Structure of English* で、統語構造内での語の位置に注目して統語論的品詞分類を行い、"content word"（内容語）と "function word"（機能語）とに二大別している（大澤銀作訳 1985『英語の構造』参照）。*3 現代における生成文法等の文法理論では前者を "lexical categories"（語彙範疇）、後者を "functional categories"（機能範疇）と呼んで区別している。例えば、Mark C. Baker（2003）は統語論的考察を基に、noun（名詞）、verb（動詞）、adjective（形容詞）を lexical categories（語彙範疇）と呼び、preposition（前置詞）や postposition（後置詞）を functional categories（機能範疇）と呼んでいる。従って、Baker における「機能範疇」は、ルイス・イェルムスレウのそれとは異なり、むしろ「形態部の範疇」に近い。日本語においても影山太郎（1993；1995）等、Baker と基本的に同じ扱いが見られる。

以上のように語の分類をめぐって、語類（word class）、品詞（parts of speech）、機能範疇（functional categories）、語彙範疇

(lexical categories)等々の用語が錯綜しその用法は学者により異なっている。ここには理論上の違いを越えた、語の分類に対する本質的な見解の相違がある。

　本書は"parts of speech"としての「品詞」を"word class"としての「語類」と区別する。文の成分として文中にある語を対象とする前者と異なり、後者は文の成分となる前の個々の語の分類を指し、文中の機能によって規定されない。単語が文を構成する基本的言語単位であることは否定しないが、文とは異なる独自の言語単位として存在しており文中の機能からは個々の語の持つ語彙的側面、即ち、意味も形態論的特徴も予測できないからである（詳細は第6章2.3節）。従って、本書が取り組むのは厳密には、発話の部分としての「品詞」(parts of speech)ではなく、文から孤立した文の成分となる前の「語類」(word class)の究明である。そしてこのことはとりもなおさず、現代文法における「名詞」、「動詞」、「形容詞」等の通称「主要品詞」（あるいは「語彙範疇」）の再考を意味する。

2.4　日本語における諸問題

　ここでは日本語の品詞分類をめぐる諸問題について、本書の目的と関わる範囲で概述する。

● 「形容詞」及び「形容動詞」をめぐる問題

　状態や性質を表す語彙要素は、一般にAdjectives（形容詞）と呼ばれているが、R. M. W. Dixon (1977; 2004) も指摘しているように、現代文法における品詞体系上の位置づけは言語により異なる。英語のAdjectivesはnoun（名詞）やverb（動詞）と区別された一品詞として扱われている。日本語の場合は「形容詞」と「形容動詞」という二つの異なる種類があるというのが一般的な見方である。

　形容詞はしばしば「イ-形容詞」とも呼ばれ、時制を表わす「-い（非過去）／-かった（過去）」と共起する。「若-い（人）」のように連体修飾語として用いられる場合にも、「（彼は）若-い」のように述語として用いられる場合にもこれらと共起する。一方、形容動詞は「ナ-形容詞」とも呼ばれ、時制を表わす「-い（非過去）／-かっ

た（過去）」とも「-る（非過去）／-た（過去）」とも共起することはない。連体修飾語として用いられる場合は「真面目-な（学生）」のように「-な」と共起し、述語として用いられる場合は「（彼は）真面目-だ」のように断定の「-だ（非過去）／-だった（過去）」と共起する。形容動詞及び形容詞の品詞体系上の位置づけは古来議論が堪えず、今なお終結していない。形容詞（イ-形容詞）に関しては、松下大三郎（1930；1997：25-31）では形容詞を一品詞とすることに疑義を呈し、作用を表わす詞の総称としての「動詞」の下位区分に位置づけられている。しかし、学校文法や伝統的な国文法研究及び寺村秀夫（1982）等では、名詞や動詞とは異なる第三の品詞とされている。一方、形容動詞の扱いは複雑を極めている。松下大三郎（1930）は、形容動詞も形容詞と同様に、「動詞」の下位区分として扱っている。時枝誠記（1950）は形容動詞をいわゆる名詞の一種として扱い、形容動詞という独立した範疇を認めていない。"*na*-nominal"という術語を用いているEleanor Jorden（1987）も時枝誠記と基本的に同じである。一方、A. E. Backhouse（1984）、益岡隆志・田窪行則（1992）、小矢野哲夫（2005）等は、名詞や動詞とは異なる独立した品詞としての形容詞の下位区分と見なしている。外国語としての日本語教育においては一般にこの立場が採用されており、「ナ-形容詞」と「イ-形容詞」という呼称で区分されている。鈴木重幸（1996）も同様で、形容詞を「第一形容詞」、形容動詞を「第二形容詞」と呼んでいる。これに対して橋本進吉（1948）は、名詞、動詞、形容詞のいずれとも異なる独立した品詞として形容動詞を認めており、学校文法でも採用されている。用いている術語は異なるが、影山太郎（1993：24、「形容名詞」）、寺村秀夫（1982、「名詞的形容詞」あるいは略して「名容詞」）等も基本的に橋本進吉と同じ立場にある。このように、形容動詞の品詞分類上の扱いには諸説がある（加藤重広2001；2008に詳しい）が、少なくとも形容動詞も形容詞も意味的には同じであるというのが通説である。属性を表わす語を一まとめにしたアリストテレスの見解と基本的に同じである。本書では、「形容詞」と「形容動詞」を形式及び意味の両側面から考察し、語類体系上の位置づけを明ら

かにする（第5章4.2.3節及び第6章3.2節参照）。

● 副詞をめぐる問題

　副詞には、品詞体系上の位置づけの問題がある。副詞を主要品詞として位置づけする立場がある一方で、名詞、動詞、形容詞、形容動詞等の主要品詞と区別し、これらの品詞と同等のレベルに並ぶものではないとする立場がある。例えば、寺村秀夫（1982：49-56；79）は、文を客観的な世界の事象を描く「コト」の部分と話し手の態度を表す「ムード」の部分に分けているが、名詞、動詞、形容詞、名容詞（＝形容動詞）を「コト」を表わす文の基本的な構成要素としての実質語とし、副詞を常に他の語にかかって用いられる語として、実質語とは区別している。Satoshi Uehara（1998）も基本的に同じで、major lexical categories（主要語彙範疇）を Nominals と Verbals に二大分割し、前者には、Nouns（名詞）（「勉強」等の Verbal Nouns（動名詞）を含む）と Nominal Adjectives（形容動詞）が属し、後者には Verbs（動詞）と Adjectives（形容詞）が属する。副詞はこれら major lexical categories（主要語彙範疇）には含まれないのである。先行研究におけるこのような副詞の扱いは、第2章で述べるように、命題文の構成要素として主語的表現「オノマ」と述語的表現「レーマ」のみに着目したアリストテレスの見解と相通じている。本書では、第5章及び第6章で副詞の語類体系における位置づけについて述べる。

　副詞をめぐる問題は他にもある。副詞の中に形容動詞の不変化部分の通称「語幹」と同一のものがあり、所属の品詞が判然としない。例えば「はるか」であるが、松村明編（1995：2120）によると、「はるかな　旅」の「はるか」は形容動詞で、「はるか　かなた」の「はるか」は副詞であり、複数の品詞を兼務している。同様に西尾実他編（2000：989）や加藤重広（2001：105）も形容動詞と副詞を兼務とするとしている。しかし、金田一京助他編（2002：980）『新選国語辞典』では、「はるか」は形容動詞である。「わずか」の扱いも学者により異なる。鈴木重幸（1996：83）では、品詞分類上問題となる副詞とされているが、「わずかの／な、わずか

だ」のように「だ」や「な、の」を伴う場合、「第二形容詞」（＝形容動詞）の変種と認められるとしている。西尾実他編（2000：1304）も基本的に同じである。一方、城田俊（1998：223-233）では形態論的観点から、動詞と形容詞を「用言」とし名詞と状詞（伝統的には「形容動詞」とそれに類する語）を「体言」としてこれら「自立的四品詞」を二区分しているが、この体系下では「はるか」も「わずか」も「ダナニ状詞」、つまり、形容動詞である。これら先行研究における品詞の認定は、いずれも語幹の「-な、-の、-だ、-に」等との結合性を基準としている点で共通しているが、何故なのかその根拠が提示されていず、最終的には個々人の判断に任せられているのが現状である。本書では、第6章で述べるように、「はるか」や「わずか」は意味論的観点から副詞とする。

● 転成分析をめぐる問題

「転成」とは、ある単語が形を変えずに他の品詞に代わる現象を指し古くから一般に受け入れられている。名詞と動詞の二区分と関わるいわゆる動詞からの「連用形転成名詞」については第3章2節で詳述するが、言語研究の観点からも語学教育の観点からも深刻な問題を含んでいる。また、動詞以外の他の品詞からの転成もある。例えば、「赤（-が）」は形容詞の「赤-い」が名詞に転成したものと一般に捉えられている。「青」、「白」、「黒」の他「丸」も同様である（森岡健二 1994：167他参照）。いずれも共通の語幹を持つことが根拠となっているが、何故なのかという本質的な議論はなく、鈴木重幸（1996：81）では品詞分類上問題となる語の一種として挙げられている。本書では、「転成名詞」の語類体系上の位置づけを明らかにし、これらの問題解決に繋げる。

　以上、品詞をめぐる種々の問題を紹介した。今もって、日本語はもとより世界の諸言語において様々な議論が展開されている所以である。結局、「品詞」（あるいは語類）とは一体何なのか、何一つ解明されていないと言っても過言ではないのである。しかし、語の分類の解明は、言語構造の研究と記述に基本的で不可欠である。本書は従来とは異なる観点から取り組み、諸問題の解決を試みる。

3. 前提と分析上の留意点

　本書の目的は既述のように、品詞論の再考にあり、現代日本語（厳密には「和語」）における語類の解明にある。このため、論理を道具に言語事実と虚心坦懐に向かい合いゴールを目指すものであり、特定の理論を展開することを目的としていない。但し、分析に当たり本書の前提とした立場や考え方があり、また、分析上特に留意した点がある。それらをここで紹介する。

3.1　前提
● 形式と意味との関係

　言語の形式と意味との相関関係については古来より議論がある。哲学の研究の中で言語学に最初に独立した地位を与えたとされる古典期ギリシャのストア学派は「形式と意味のすっきりした一対一の対応は、ギリシャ語では、ひいてはどの言語でも、成り立たないと主張した」(R. H. Robins 1990: 25［中村完・後藤斉訳 1992: 25］)。ウィリアム・ドワイト・ホイットニー（William Dwight Whitney 1827-1894）も *Language and the Study of Language*（1867: 32）で「観念と語との間の内面的な本質的な結び付き……なんてものは、地球上いかなる言語にも一つもない」（ルイス・イェルムスレウ著・小林英夫訳 1958: 139 より引用）と主張している。現代においても形式と意味との関係を曖昧なものと捉え、語の分類に意味は基本的に役立たないとする学者も多い。しかし、ルイス・イェルムスレウ（1928）は「可能なる文法学的手段は一つしかない。表現から発して意義を求めることにより、表現と意義との間の関係を探求すること。これこそ科学的文法の唯一の目的である」（小林英夫訳 1958: 70）と述べている。Susan Steele（1988）は Luiseño 語の語彙要素の分類を行い形式と意味との間に高度に体系的な相関関係があることを示している。本書も形式と意味との間には相関関係があるという前提に立ち、実質的意味概念を有する語彙要素の指示対象の存在のあり方を分析することで両者の相関関係を明らかにしていく。

● 言語の普遍性

　あらゆる言語に共通する特徴・性質は一般に「(言語的)普遍性」と呼ばれる。17世紀フランスのポール・ロワイヤル学派による一般・理性文法は、「さまざまな言語の、それぞれの文法の基底にある文法の統一性を、知覚・判断・推論を包含する思想の伝達という役割の中に、明らかにしようとした」(R. H. Robins 1990：137[中村完・後藤斉訳 1992：141])。この普遍文法を取り上げた変形生成文法の提唱者ノーム・チョムスキー (Noam Chomsky) は *The Logical Structure of Linguistic Theory* (1955), *Syntactic Structure* (1957) を契機として現代言語学界に大きな影響を与え、統語論的制約や条件を中心とした普遍文法を言語研究の主要なテーマとして追究している。しかし、時代により学者の態度は一様ではなく、普遍文法 (universal grammar) または一般文法 (general grammar) というようなものがありうるのかという問題が昔ながらにあった。以下は、19世紀のドイツの言語学者ハイマン・シュタインタール (Hermann Heymann Steinthal 1823–1899) の見解をイェスペルセン (Otto Jespersen 1924：48[半田一郎訳 1958：39]) から引用したものである。

> 普遍文法というものは、ちょうど政治や宗教の普遍形式、あるいは普遍的な動植物などと同様、考えられないものである。ゆえに、われわれのなすべき唯一のことは、既成の範疇体系から出発せずに、実在する言語がわれわれにどんな範疇を提供するかを見ることである　　(STEINTHAL, *Charakteristik*, 104f.)

　本書も正にシュタインタールの指摘にあるように既成の範疇体系を出発点とはしていない。そして結局、古来品詞論の出発点とされ言語普遍的とされている「名詞」と「動詞」の区別に疑義を呈する。しかし、人間言語の普遍性自体を否定するものではない。むしろ、どの言語にも当てはまる共通の特徴や文法的原則はあるという立場に立ち、言語的普遍性の研究に貢献することを目指している。第5章で詳述するように、Susan Steele (1988) は Luiseño 語に名詞と動詞の区別が意味をなさないことを指摘し、語の分類原理の普遍性について以下のように述べている。

いかなる言語においても語彙要素が分類されるのは疑いようのない事実である。より強調したいことは、分類基準がLuiseño語のpossessiveとabsolutive*4の場合のように、その言語のclosed-class elements（閉じたクラスの要素、あるいは閉鎖的語類）の一部が機能し得るという事実である。この観点に立つと、<u>範疇は言語毎に異なるが、範疇を定める基準は異ならない</u>ということが言える。普遍性というものは否定されないが、もっと抽象的なものである。

(筆者訳、下線は筆者)*5

本書も既述のように、全ての言語に名詞や動詞等の同じ範疇が適用されるとは考えない。しかし、分類基準自体は普遍的であり、閉じたクラスの要素の一部であると考える（詳細は第5章参照）。

● 語類の境界

語の分類は一貫性のあるものでなければならないことは誰もが認めるところである。しかし、語類は理論的に考える程、純粋で均質的なものではないとする考え方がある。文法的特徴が一定している中核的なものがprototype（プロトタイプ）として存在し、周りをより不規則な周辺的要素が連続的段階的に変化して──gradience（グレィディエンス）と呼ばれる──囲んでいるとして、境界域の曖昧なfuzzy（ファジー）カテゴリーを認める立場であり、認知言語学の基本的テーゼとされている（Eleanor Rosch 1978; ジョージ・レーコフ 1987; John R. Taylor 1995; 山梨正明 2000; 大堀壽夫 2002; Satoshi Uehara 1998 他参照）。これらは、語類が全成員に共通の特性に基づく集合論的な分類、つまり、必要十分条件によって規定され、カテゴリーにおいて成員性に段階を認めない古典的品詞論の立場とは対照的である。本書は基本的に古典的品詞論と同じ立場に立っている。つまり、カテゴリーは全ての成員が共有する属性によってのみ規定されるものであり、分類の基準と対象が適切に選定される限り、語類には明確な境界があることを想定している。従って、あるカテゴリーに「幾分」属するが他の点では属さないという存在は想定しておらず、ファジーカテゴリーというものは想定

していない。ある語が「どの程度」そのカテゴリーに属しているかは問題ではなく、属しているか否かを問題としている。

3.2 分析対象の限定

　語の分類に当たり重要なことは分析対象の限定である。本書では語類の分類対象を第5章で規定する「語基」とするが、以下に議論するように、現在用いられている日本語の全てが分析の対象ではない。

　第一に確認したいことは、語類の分類対象「語基」が実在世界に指示対象を持つ語彙的意味を有する要素だということである。つまり、詳細においては異なるものの、『命題論』においてアリストテレスが対象とした要素と基本的に同じであり、命題の要素が分析の対象なのである。従って、話者の主観的な判断や表現態度と関わる感動詞や陳述副詞は対象外である。また、文と文の関係や繋がりを表わす接続詞も対象外である。なお、外界の客観的な出来事やことがらを表わす要素（命題の要素）とそれに対する話し手の主体的な判断や態度を表わす要素（モダリティーの要素）の境界線はそれほど明確ではないとされるが、本書の目的に大きく影響しないので曖昧なものは議論から省く。基本的に益岡隆志（2007）の命題に位置する要素、つまり、「主要部では用言の語幹を中心として、それにヴォイスを表わす要素、アスペクトを表わす要素、テンスを表わす要素などが加わり、補足部では格成分（補足語）、付加部では、様態・程度・量などを表わす付加語、アスペクトにかかわる付加語、時・場所などを表わす付加語」（p. 35）の中から、open-class（開いたクラス、あるいは開放的語類）の語彙的意味を有する要素が対象である。その上で以下に紹介するスチュアート・ミル（Jhon Stuart Mill 1806–1873）と同じ立場に立ち、語種と語の構造の観点から対象を更に制限する。

　イェスペルセン（Otto Jespersen 1924：47［半田一郎訳1958：38–39］）によると、文法の原理及び語の区分について、スチュアート・ミル（1867）は以下のように述べている。

　　文法とは何であるかをしばらく考えてみよう。文法は論理学の

第1章 序論　**15**

最も初歩的な部分である。それは思考過程分析のはじまりである。文法の原理や規則は、これによって言語の形式が思考の普遍的形式に対応させられる手段である。諸種の品詞間の区別、名詞の格の区別、……は単に言葉における区別であるのみならず、思考上の区別である……あらゆる文の構造は論理学の課業である（Mill 1867年、セント・アンドルーズ大学における総長訓辞）

(半田一郎訳 1958: 38–39)

既述のように、本書の重要な課題の一つは、語類における形と意味との関係を解明すること、つまり、言語的事実と語彙要素の指示対象である実在世界の存在との関係解明である。このことは、まさに上記のスチュアート・ミルの指摘、「品詞間の区別……は単に言葉における区別であるのみならず、思考上の区別である」に明示されているように、語の分類には母語話者の思考や世界観が関わっていることを意味する。そこで本書では現在用いられている日本語の中から日本語本来の大和言葉である和語に限定し、漢語を含む外来語は分析の対象から除外する。更に、派生語や複合語のいわゆる複雑語も除外し、森岡健二（1994：156–157；1984）が主張する日本語にとって最も基本的な語彙要素、つまり、和語の単一形態からなる単純語基に限定する。それらが、日本語という言語の語類体系の基盤をなすものであり、日本語母語話者の基本的世界観を反映していると考えるからである。語類における形式と意味との関係解明には、考察の対象に予めこのように厳密な境界を設けることが重要である。

4. 本書の構成

本書の構成は以下の通りである。第2章では名詞と動詞の起源とされる古典期ギリシャの哲学者による「$ovoμα$・$ρημα$＝主語・述語＝実体・属性」（オノマ・レーマ）という分類原理がその後2300年以上に渡り如何に継承されてきているかを概観し、そこにある問題点を指摘する。そして、日本語には伝統のこの二区分に対立する科学的事実に裏打

ちされた言語事実があることを提示し、文中におけるオノマとレーマの区別からは語の実在世界との関わりも存在論的帰結も引き出せないことを述べる。第3章では、「錆」等の語に対する従来の言語学的扱い、即ち、名詞と動詞の区分を前提とした「転成名詞」について再考し、言語研究上も語学教育上も未解決の問題があることを示す。また、これらの問題解決に繋がる別の見方についても概述する。

　本書の実質的な中心は4章、5章、6章にある。第4章では「単語」(「語」)の規定について論ずる。まず日本語の歴史的展望を行ってから、単語の認定法及び定義について提案する。単語を純粋に音声的に規定される単位と見なし、音韻論と文法論とを関連付ける。具体的には、有坂秀世(1908–1952)の主張する音韻論的語、即ち高い部分の一つ起こるピッチユニットを文法上の単語と規定し、「助詞」や「助動詞」は単語以下の存在、即ち、単語の構成要素とする。

　第5章及び第6章は日本語(厳密には和語)における語類について論じる。語彙要素は意味上分類され、形式上の分類に対応しているという仮説の下、客観的に分析できる形式上の区分から始め、次に意味論的特徴を考察する。従って、第5章でまず語彙要素の形式上の区分と取り組む。本書の語類体系の根底にある Susan Steele (1988) による分類原理を最初に紹介する。次に、分類対象と分類基準の解明に向けて、単語の構成要素、即ち、語彙要素「語基」、「接尾辞」、「派生辞」を規定し、更に、主格及び時制を表わす両接尾辞が語基との結合性において他の接尾辞と分布上異なる特性を持っていることを明らかにする。これを基に語基はこれら両接尾辞との結合性を基準として形式上まずもって次の四つの主要な類(つまり範疇)に区分されることを提案する──①主格の接尾辞と結合できるが、時制の接尾辞とは結合できない［＋主格；－時制］類、②主格の接尾辞とは結合できないが、時制の接尾辞と結合できる［－主格；＋時制］類、③両接尾辞と結合できる［＋主格；＋時制］類、④いずれの接尾辞とも結合できない［－主格；－時制］類──である。次いで、提案の語類体系から引き出される三つの帰結について

述べる——(i) 名詞と動詞の区分と対立する「錆」等は［＋主格；＋時制］の類に属しており、「転成名詞」自体が存在しない、(ii) 副詞も命題の構成要素として主要な範疇の一つである［－主格；－時制］の類に属する、(iii)「形容詞」はいわゆる「動詞」の多くと同様に［－主格；＋時制］の類に属するが、「形容動詞」は副詞同様［－主格；－時制］の類に属する。また、この語類体系は古代ローマのワローがラテン語（とギリシャ語）に行ったものと同じであるが、語類自体の規定が本書と異なることを指摘する。

　第6章では、第5章で提案した形態論的特徴を基にした語彙要素の形式上の各類が意味的に一貫しており、実在存在の区分に対応していることを論証する。意味論的、哲学的分析であり本書の核心とも言うべき部分である。特に焦点を当てるのは名詞と動詞の二区分と対立する［＋主格；＋時制］と［－主格；－時制］の二類である。［＋主格；＋時制］類の成員が指示するのは通常は存在していないか予期されないものであるが、一旦存在すると持続的に存在するものであることを科学的事実を根拠として明らかにする。そして、文中では指示対象への焦点の当て方により主語としても述語としても用いられることを基に、語の統語論的機能と意味論的、形態論的特徴との間にあるとされている相互依存的関係が日本語には適用できないことを示し、単語と文との二元性を示唆する。［－主格；－時制］の類では下位の分類である副詞と形容動詞について考察する。副詞は「属性」を修飾し、文中では主語にも述語にもならないが、文の真偽に関わる重要な語彙要素であることを指摘する。形容動詞に関しては、R. M. W. Dixon (1977) による言語普遍的とされる七つの意味タイプを基に、形容詞と意味上明確な相違があることを論証する。具体的には、形容詞は「動詞」同様、瞬間的、偶有的な存在を指示するのに対し、形容動詞は人の性格等持続的、安定的な存在を指示することを主張する。同時に、形容動詞は時を基にしたレーマ（動詞、述語）とオノマ（名詞、主語）というアリストテレス以来の区別に疑問を呈していることも述べる。最後に名詞と動詞という伝統の二区分に疑義を呈しているのは英語や中国語等も同様でひとり日本語のみではないことを述べて本書を結ぶ。

＊1　Closed-class elements（閉鎖的語類、あるいは閉じたクラスの要素）は、open-class elements（開放的語類、あるいは開いたクラスの要素）との対比において、以下のように捉えられている。
　　開放的語類とは、その成員構成が原則として無制限である語類であり、それは時代により異なり、また人によっても異なる。借用語と新造語はたいてい開放的語類に属する。閉鎖的語類は固定化した常に少数の成員をもち、それらの語はその言語ないし方言の話し手すべてにとって同一のものであり、その言語全体としての文法に構造的変化が起こらぬ限り、その成員に増減はない。
　　　　　（R. H. Robins 1964：230［西野和子・藤森一明訳 1970：255-256］）
＊2　以下は原文である。
Some linguists prefer not to speak of *word classes* with reference to variable words. They use instead the term *stem class* (*stem* represents that part which is common to all the forms of the paradigm of the class; it may be coextensive with the root, as in English *love* or Latin /am-/ to love, or it may comprise the root and one or more affixes, as in English *lovely*, Latin /ama:bil-/lovely). They argue that the individual forms of a paradigm are not alike morphologically or syntactically, but the stems, that are constant throughout, are.
　　　　　　　　　　　　　　　　　　　　　　　　　　　（R. H. Robins 1964：230）
＊3　同様の区分はフランスの言語学者ヴァンドリエス（Joseph Vendryes 1925）に既に見られる。ヴァンドリエスによると、あらゆる文の要素は「意義素」(sémantéme)（語）と「形態素」(morphéme)（単語の構成要素という意味では用いられていない。）の二種に分けられる。前者は表象の観念を表わす客観的要素であり、名詞や動詞が含まれる。後者は文の中で精神が意義素の間にこしらえる観念間をつなぐ要素で、文法的関係を示す前置詞や接続詞が含まれる（藤岡勝二訳 1938：105-106）。但し、品詞に含まれるのは意義素のみであり名詞と動詞の二つに下位区分されている。感動詞や形態素は品詞には含まれない（同上 pp. 177-178）。
＊4　Possessive 及び absolutive は接辞である。詳細は第 5 章の注 3、注 4 参照。
＊5　原文は以下の通りである。
[It] could still be true—and undoubtedly is true—that a language's lexical elements are classified into different types. More strongly, it could be true—as it is in Luiseño—that the basis for this division turns on a subset of the languages's closed-class elements, as, e.g., the Luiseño possessive and absolutive. In this view, the categories of one language differ from another, but the basis on which these categories are determined does not. Universality is not denied but is made more abstract.
　　　　　　　　　　　　　　　　　　　　　　　　　　　（Susan Steele 1988：27）

第 2 章
古典期ギリシャの哲学者の品詞論

　世界のいかなる言語も語を分類するが、その種類も特徴も言語毎に異なるとされている。しかし、「名詞」と「動詞」の区別だけは別である。これらは言語普遍的な必須の区別というのが通説である (Edward Sapir 1921；R. M. W. Dixon 1977；2004；P. Hopper and S. A. Thomson 1984；Paul Schachter 1985 他参照)。この歴史は長く、古典期ギリシャの哲学者プラトン (Plato) 及びその弟子アリストテレス (Aristotle) に遡るとされる (Otto Jespersen 1924；Roland G. Kent 1963；R. H. Robins 1967；1990；土屋俊 1993 他参照)。本章では、名詞と動詞の起源に立ち戻り、先覚者達の言語観を間近に見据えて考える。*1

1. プラトンによる「オノマ」と「レーマ」の区別

　プラトンは対話編と呼ばれる戯曲形式を用いて多くの著作を残しているが、後期の著『ソピステス―〈あるもの〉(有) について―』*2 第 45 章の中で、登場人物「エレアからの客人」を通して文の成立について述べている。*3 藤沢令夫訳 (1976：146–149) を参照にポイントをまとめると――言表 (即ち、真偽の関る命題文) には二種類の語 (単語) が関わる。一つは、動詞 (レーマ、述べ言葉) で種々の行為を表示し、他の一つは名詞 (オノマ、名指し言葉) で行為しているその当の者たちを表示する。言表というものは名詞 (オノマ) だけ連続して語られても成立しないし、また動詞 (レーマ) だけの連続でも成立しない。少なくとも一つの名詞 (オノマ) と一つの動詞 (レーマ) とを組み合わせることによって、「たんに名づけるだけではなく、語っている (何ごとかを言い表わしている)」と言うのであり、そして、この [名詞と動詞の] 組合せ

に対して、これを〈言表〉という名称で呼ぶ」（同上 p. 149）——ということである。

　つまり、真偽の問われる命題文は、主語的表現（単に「主語」とも言う）としての「オノマ」（ονομα, onoma）と述語的表現（単に「述語」とも言う）としての「レーマ」（ρημα, rhema）*4 という少なくとも二種類の異なる語が結合してはじめて成立するという指摘である。真理値の帰属する命題文の構成要素としての語のこの二分法は重大な発見であり、イギリスの言語学者ロウビンズは、「後世すべての言語記述にとって、統語論の分析と語の分類の根底となる第一次文法区分であった」（R. H. Robins 1990：30［中村完・後藤斎訳 1992：30-31］）と述べ、オノマが後に英語の noun にあたるものになり、レーマが後の verb にあたるものになるとしている。アリストテレスは実在存在の探究に関心があったが、存在の構造は言葉の構造に反映していると考え、師プラトンによるオノマとレーマという言語上の二区分を基本的に継承する。そして、『オルガノン』（学的認識のための道具）と称せられる一連の論理学的著作の初期の著『カテゴリアイ（範疇論）』（*Categories*）（以下、『範疇論』）及び『命題論（言葉によるものごとの明示について）』（*On Interpretation*）（以下、『命題論』）*5、において、言葉と実在世界との関係に対する見解を展開していく。*6

2. アリストテレスによる言葉と世界との関係

　『範疇論』では、実在世界の事物の分類に対する彼の見解が展開されている。アリストテレスによると、実在世界には実体（何であるか＝本質規定）、量（どれだけであるか）、性質付け（どのようであるか）、関係（他に対してどうであるか）、場所（どこにであるか）、時（いつであるか）、能動（何をなしているか）、受動（何をなされているか）、状況（どうしているか）、所持（何を所有しているか）等が存在する（『範疇論』第4章　松永雄二訳 1966：172 参照）。そして、これら実在存在の存在の在り方は一様ではなく、中心的・本質的で安定的なものと、それに依存的・付帯的で偶有的な

ものとに二大区分される。つまり、実在世界の存在は全て、主語的存在としての基体（ヒュポケイメノン）とそれに於いてあるもの、即ち、「実体」と非実体的諸「属性」とに区分される。存在のこの区分は一義的なものであり、実体であるものは属性に所属することはなく、属性であるものは実体に所属することはなく、一切の「存在」はこのいずれかに属する。例えば、「ソクラテス」や「馬」は実体であり、「白い」や「文法的な」等の性質や「六尺」等の量等その他の存在は全て、実体を基体としてそれに於いてあるものであり、実体に従属する付帯的で偶有的な存在としての属性である（『範疇論』第2章、第5章　松永雄二訳1966：170-171；172-179参照）。存在のあり方を基にした実体とその属性という実在存在の二大区分はアリストテレスの根本的な主張であり、オノマとレーマという真偽の問われる命題文中の語の二区分と密接に結びついている（J. L. Ackrill 1963；D. K. Modrak 2001；L. M. De Rijk 2002；A. Gianto 2005 他参照）。

　『命題論』では、言葉と思考と物との関係を軸に、命題の議論が展開されている。アリストテレスは、「思考言明」、つまり、真偽の関わる有意味の命題文の構成にはオノマとレーマという二種類の言葉が不可欠であることを指摘し、両者を次のように説明している。レーマは「述べ言葉。時というものをも合わせ表わすものであるとともに、それの部分が離れて別になると、何ものをも表わさなくなるもの、そういうもののことである。更に言えば、述べ言葉とは別のものに就いてそれがしかじかだと述べられるそのしかじかの事柄を、言葉にして言い表わすしるしである……述べ言葉は一般にかならず、物がしかじかであるのだと言えるそのしかじかの事柄を、たとえば、主語となるものに就いていえるいろいろな事柄を、言葉にして言い表わすしるしなのである」（『命題論』第3章、水野有庸訳1966：209）。オノマは「名指し言葉。取りきめにもとづいてものを表わすことが出来て、時というものには係わりがないような、発声された言葉のことである」（『命題論』第2章、水野有庸訳1966：208）。オノマの指示対象や文中における機能についてはここでは明記されていないが、主語的表現であることは明白であり、

また、『範疇論』第4章始めには実体を指示することが述べられており、レーマとは明確に区別されている。但し、『命題論』第3章最終段落にはレーマが文から離れてそれだけで口にされる場合、それは名指し言葉としてのオノマとして働いているとあり、また、『命題論』第1章や第7章にはレーマの例として挙げられている「白い」等の語が、『詩学―創作論―』(Poetics) 第20章後半部分にはオノマの例として挙げられている（藤沢令夫訳 1966: 40 参照）。このように、オノマとレーマを現代文法の名詞と動詞にそのまま全て置き換えることはできず、曖昧さも残している。しかし、古代ギリシャ哲学の研究者として著名なイギリスの J. L. Ackrill (1963) も指摘しているように、少なくとも、文中で主語として機能し、実体を指示するが、時は表わさない語がオノマであり、述語として機能し、性質や行為等の属性を指示し、時をも合わせ表わす語がレーマであるとして、両者は厳しく対置されているのである（他に L. M. De Rijk 2002；D. K. Modrak 2001 等参照）。こうして、アリストテレスは『命題論』で規定している主語的表現と述語的表現の関係に、存在論上の二大区分「実体」と「属性」を関連付けたが、『命題論』で論じているのはオノマとレーマについてのみである。だが文の構成要素はこの二種類のみではない。これは何を意味しているのだろうか。

　実際、『詩学―創作論―』第20章には「措辞・語法（シンタックス／統語論）」に関する全般的な考察が提示されている。そこでは、文の構成要素として、「スンデスモス」（靭帯的繋ぎ言葉、接続語）、「アルトロン」（関節的繋ぎ言葉、連結語）、「オノマ」、「レーマ」が挙げられている（藤沢令夫訳 1966: 39-40 参照）。しかし、アリストテレスは、これらの語全てが実質的意味概念を有するとは考えていなかった。単独で意味を有し、実在世界に指示対象を有するのはオノマとレーマだけである。「スンデスモス」（靭帯的繋ぎ言葉、接続語）や「アルトロン」（関節的繋ぎ言葉、連結語）は文中の語を結び付ける等何らかの形で文の形成には寄与する（藤沢令夫訳、同上参照）が、それ自身単独には意味を持たず実在世界に指示対象を有しない。その意味でこれらの語は、オノマやレーマと区別

されたのである。また、スンデスモス（靱帯的繋ぎ言葉、接続語）やアルトロン（関節的繋ぎ言葉、連結語）には、冠詞、前置詞、数量詞等アリストテレスが例示している以上の様々な語が含まれているとされ、後の共義的表現 syncategorematic *7 の予示とされている（Moravcsik 1967：128 参照）。従って、どの様にとか、どれ位頻繁に述語が主語に内属するのかということを表わすいわゆる副詞さえも、オノマとレーマとは区別されていたのである（Ammonius H.『命題論注解』Hans Arens 1984：68 参照）。つまり、それ自体実在世界に指示対象を持つ実質的意味概念を有する語で、主語となるオノマと述語となるレーマだけが、どんな文にも必ず含まれ、何かを何かについて言えるとする単純な成り立ちの言明（statement）、即ち、「主語―述語」形式の単純な命題文の構成に必要な要素と見なされ、他の全ての語と区別されたということである。

　こうしてアリストテレスは、彼の最大の関心事である命題の議論にその構成要素として、結局プラトンの指摘したオノマとレーマのみを取り上げ、実在世界の存在の区別と対応させた。つまり、言葉と世界とは、文中における主語的表現「オノマ」と述語的表現「レーマ」という言語上の区分に実体と属性という存在論上の区分が対応する形で関わっていると見なしたのである（J. L. Ackrill 1963; D. K. Modrak 2001; L. M. De Rijk 2002; A. Gianto 2005 他参照）。下記の（1）は言葉と実在世界との関係に対するアリストテレスの見解を簡略化して記したものである。

　（1）ὄνομα・ῥῆμα＝主語・述語＝実体・属性 *8

3.「オノマ」と「レーマ」の扱い　歴史的展望

　ルイス・イェルムスレウ（1928）は、アリストテレスの時代には、論理学と言語学とをはっきり区別していなかったし、アリストテレスの「根本的見地が論理学者のそれであることは疑う余地もないが、それにもかかわらずかれは古代いらいの文法学の発達の根底となった諸概念を提供したのである」（小林英夫訳 1958：61）と述べている。実際、上記の語の分類原理はその後発達する言語学や

文法学に取り入れられ、長い歴史をたどることになる。オノマとレーマの二区分はその後、ゼノン（Ζηνων, Zēnōn、紀元前335–紀元前263）によって創立されたとされるギリシャ哲学の一派ストア学派による四品詞——'ονομα'（onoma、名詞）、'ρημα'（rhema、動詞）、'συνδεσμος'（syndesmos、接続詞）、'αρθρον'（arthron、冠詞）——、次いで誕生したアレキサンドリア文法学派のディオニュシオス・トラクス（Dionysius Thrax）による八品詞——'ονομα'（onoma、名詞）、'ρημα'（rhema、動詞）、'μετοχη'（metoche、分詞）、'συνδεσμος'（syndesmos、接続詞）、'αρθρον'（arthron、冠詞）、'αντωνυμια'（antonymia、代名詞）、'επιρρημα'（epirrhema、副詞）、'προθεσις'（prothesis、形容詞）——と数を増し、形態論、統語論、意味論という異なる観点から精緻な定義が下されていくことになる。しかし、R. H. Robins（1990）も明らかにしているように、オノマ（名詞）とレーマ（動詞）は何の科学的実証も無しに常に品詞論の出発点に置かれ、この二区分との関係を中心に展開されており、古代ギリシャの「統語論的区別による哲学的見地」が言語の研究から外されることはなかった。まさにアリストテレスの原理の換骨奪胎であったと言える。

　例えば、ディオニュシオス・トラクスによるギリシャ語の八語類（word class）（八品詞）は、今日見られる最古の「品詞」分類として言語学の最初に位置づけられるが、その著『テクネ・グランマティケー』*Techne grammatike*（文法術）において、R. H. Robins（1990）によると、以下のように定義付けられている。

(2) <u>オノマ（名詞）</u>：格変化している発話の部分（品詞）で、具体物や抽象物を表わしている。

　　<u>レーマ（動詞）</u>：格変化はしていないが、時制・人称・数において変化している発話の部分（品詞）で、行為や過程を表わしている。

　　メトケー（分詞）：動詞（[<u>レーマ</u>]）及び名詞（[<u>オノマ</u>]）の特徴を共有する発話の部分（品詞）。

　　アルトロン（冠詞）：格変化している発話の部分（品詞）で、<u>名詞（[オノマ]）</u>の前か後に置かれる。

アントーニューミア（代名詞）：名詞（[オノマ]）と置換可能の発話の部分（品詞）で、人称を表わしている。

プロテシス（前置詞）：語の合成あるいは構文において他の語の前に置かれている発話の部分（品詞）。

エピレーマ（副詞）：語形変化せずに動詞（[レーマ]）を修飾したり付加したりしている発話の部分（品詞）。

シュンデスモス（接続詞）：談話をつなぎ、その解釈を補い手伝っている発話の部分（品詞）。

(筆者訳)＊9

　上記の語類は、「分詞」、「冠詞」等も加わりアリストテレスのものより明らかに細分化されており、格変化や時制等の語形変化中心の形態論的観点（あるいは文中の他の構成要素との関係という統語論的観点）から定義されている。しかし、下線の部分からも分かるように、あくまでも文中の「オノマ」onoma と「レーマ」rhema を基本的区分として受け入れ、それらとの関係を中心とした定義付けである。

　ディオニュシオス・トラクスによる語類の枠組みは、その後ローマ時代のドナトゥス（Donatus 350年頃）やプリスキアヌス（Priscianus Caesariensis 500年頃）等によるラテン語の文法に（ラテン語にない「冠詞」以外は）受け継がれ、更に、スコラ哲学の影響を受け『思弁文法』（1310年頃）を著したとされるエアハート（エルフルトとも）のトマス（Thomas von Erfurt）に代表される中世の「様態論者」（モディスト modistae）と呼ばれる「思弁文法学者」に受け継がれる（R.H. Robins 1990, ch. 4 参照）。モディストは、品詞は存在の様式や認知の様式によって表わされる実在存在を通して区別されるという観点から、ラテン語の八語類を定義している。以下はその一部をR. H. Robins（1990）より引用したものである。

（3）Nōmen（名詞）：存在の様式あるいは弁別的特徴を有するものの様式を通して意味を表わしている品詞

第2章　古典期ギリシャの哲学者の品詞論　　27

……存在の様式とは、<u>安定性と持続性</u>の様式のことである。

Verbum（動詞）：（陳述の対象である）実体とは離れて、時間的経過や過程の様式を通して意味を表わしている品詞。

Participium（分詞）：（陳述の対象である）実体と分離することなく、<u>時間的経過・過程の様式</u>を通して意味を表わしている品詞。

Prōnōmen（代名詞）：弁別的特徴を持たない存在の様式を通して意味を表わしている品詞。……

（筆者訳＊10、下線は筆者）

nōmen（名詞）が存在の持続性と結び付けられ、*verbum*（動詞）が時間的経過と結び付けられており、時間との関係において文中のオノマとレーマを区別し、それに存在論上の二区分を対応させたアリストテレスの見地と密接に結びついていることが見て取れる。

17世紀におけるフランスのポール・ロワイヤル派（Port Royal）の文法学者による普遍一般文法も、古典期ギリシャの哲学者による二区分が語類の基底にある（R. H. Robins 1990 ch. 5 他参照）。例えば、ランスロー（C. Lancelot 1616-1695）とアルノー（A. Arnauld 1612-1694）による『ポール・ロワイヤル文法〈一般・理性文法〉』（1660）では、語を人間が自らの思考を表明するために作り出されたもの（南舘英孝訳 1972：34）と捉え、名詞、冠詞、代名詞、分詞、前置詞、副詞、動詞、接続詞、間投詞の九種類を語の分類に採用しているが、最初の六類を思考の対象を表わす語、後の三類を思考の形態と様式を表わす語として、これらを意味上二分している。また、名詞は思考の対象として事物即ち実体を表わす「実質名詞」と、事物の様態即ち付属性を表わす「形容名詞」に分けられている（同上 p. 37）。動詞は断言を表わすことをその本質とし、存在動詞を「人称、数、時制を指示するとともに断言を表わす語」（同上 p. 113）、他の動詞を「人称、数、時制を指示するとともになんらかの述辞を断言し表わす語」（同上 p. 114）としている。名詞と動詞を取り巻く他の類の編成も異なるが、統語論的機能に基づ

く伝統の二区分が語類の基底をなしていることは明白である。

　18世紀において Hermes: or, Philosophical Inquiry concerning Language and Universal Grammar（ヘルメス――言語と普遍文法に対する哲学的考察）を著したイギリスのジェームズ・ハリス（James Harris 1709-1780）も、文法の基礎をアリストテレスに求めていたとされる（R.H. Robins 1990：168-170）。ジェームズ・ハリスは、語を「それ自体で意味を持つもの（significant by itself）と他との関係によって意味を持つもの（significant by relation）」（中島文雄解説 1971：236）に区別した。前者には実体（substance）とその属性（attribute）が含まれ、これらを主要語と呼び、後者には限定詞（definitive）と連結詞（connective）が含まれ、これらを付属語と呼んでいる。これら四種は通称 noun、verb、article、conjunction に相当する。細部で異なりはしているが、ジェームズ・ハリスの普遍文法においても何の実証も無しに、まずもってアリストテレスの伝統から出発しているのである。

　18世紀後半のスコットランドの哲学者ジェームズ・ビーティー（James Beattie 1735-1803）にも同じことが言える。James Beattie（1788）は The Theory of Language part II において、nouns（名詞）と attributive（属性詞）が全ての言語に不可欠であることを指摘し、それぞれ（下線部に特に示されているように）アリストテレスの原理を適用して以下のように規定している。

（4）a.　「名詞」あるいは「名前」が全ての言語に必要不可欠であるということは議論の余地が無い。人は、実詞なしには、何も語れない……実詞あるいは名詞は、実体を指示している語、と言うより、「話題となるものを指示する語」のことである。

（筆者訳、下線は筆者）

　　　b.　「形容詞」'adjectives'「分詞」'participles'「動詞」'verbs' を含む「属性詞」'attributives' について。
名詞（や代名詞）だけでは、人の思考は何も表現できない。従って、全ての言語にこれらと区別された異なる語類があるはずである。人は、人や物だけを語るの

ではなく、それらの性質や特徴や行為について語る……属性や性質を指示する語は現在一般に「属性詞」と呼ばれる。古代ギリシャの文法家はそれらを *rhemata, verba, verbs* と呼んだ。

(筆者訳、下線は筆者)＊11

　生成文法を提唱し言語学に新しい視点を与え、現在言語学会に多大な影響を与えている米国のノーム・チョムスキー（Noam Chomsky）も、Chomsky（1955/1975；1965；1981）等を始めいずれの著作からも明らかなように、上記の文法と基本的に同じ路線上にある。従って、同理論の立場に立つ Mark C. Baker（2003）の *Lexical Categories* でも、名詞と動詞の区別は何の科学的実証も無く受け入れられ、統語論的分析の対象となっている。

　このようにして、アリストテレスの分類原理は2300年以上の長きに渡り、ヨーロッパの諸言語文法の基盤をなし、ついには近代において、系統の異なる世界中の諸言語にまで適用されるようになったのである（R. H. Robins 1990：ch.2-ch.3 ［中村完・後藤斉訳 1992：第2章-第3章］杉浦茂夫 1985；ルイス・イェルムスレウ著・小林英夫訳 1928、1章他）。その間オノマとレーマは、常に基本的区分として品詞論の出発点に据えられ、現代文法においては noun「名詞」と verb「動詞」の区別にあたるものとして（R. H. Robins 1990：31-32 ［中村完・後藤斉訳 1992：32］；土屋俊 1993：78 他参照）、あたかも所与のものであるかの如くその地位を保障され続けてきた。日本語の研究においても同様で、伝統的な国文法においても、また、現代文法や言語学においても（Sammuel Martin 1975；柴谷方良 1978；寺村秀夫 1982；益岡隆志・田窪行則 1992；影山太郎 1993；村木新次郎 1996；2010；鈴木重幸 1996；Satoshi Uehara 1998；加藤重広 2001；2008 他参照）、日本語とは異なる世界の諸言語に受け入れられた「オノマ」（名詞）と「レーマ」（動詞）の区別が常に品詞論の基底に置かれている。

　アメリカの言語学者エドワード・サピア（Edward Sapir 1884-1939）は北米インディアン諸語やインド・ヨーロッパ諸語をはじめとして博大な数の言語の研究を行い、品詞の論理的図式は言語毎

に独自で異なるとした。しかし、名詞と動詞については、その著 Language: An Introduction to the Study of Speech で、以下のように述べている。

　　ことばが一連の命題から成り立っていることは牢記すべきことである。まず、語るべき何ものかがなければならない。そしてそれがひとたび選ばれたならば、その話の主題について何かが云為されなければならない。この区別は根本的に重要なことであって、そのため大多数の言語は、命題のこの二つの辞項の間に或る種の形態上の障壁を設けて、区別を強調している。話の主題は名詞である。話の最も普通の主題は人間であるか、または事物であるから、<u>名詞</u>はこの列次の<u>具体的概念</u>の周りにむらがっている。その主題について述語される事柄は、一般に広い意味での行為、すなわち存在の一瞬間から他の瞬間へ移る経過であるから、述語の用に取って置かれる形態、いいかえれば、<u>動詞は行為の概念の周りにむらがっている</u>。<u>どんな言語も、名詞と動詞の区別を全く欠くものはない</u>。もっとも特別の場合としては、この区別の性質があいまいな場合があるにしても。その他の品詞については事情を異にする。他の品詞はいずれも言語の生命に絶対に必要とされるわけではない。

　　　　　　　　　　　（泉井久之助訳 1957：114、下線は筆者）＊12
　ここには、命題文が主語（主題）と述語という異なる要素から成ること、主語となるのは名詞で具体物を中心としたものを指し、述語となるのは動詞で、瞬間的存在である広い意味における行為を指すことが述べられている。そして、名詞と動詞だけは他の品詞と異なり、世界の言語に普遍的で必須の区別であることが明記されている。前述のように、オノマとレーマを現代文法における名詞と動詞にそのまま全て置き換えることはできない。しかし、言表、つまり、命題文における名詞と動詞の区別が全言語の生命に必須のものであるとする Sapir の指摘は、(1) に示した古典期ギリシャの哲学者の見解そのものである。しかし、ここにはいくつかの問題が含まれている。

4. アリストテレスへの疑問

● 実在構造は文の構造に反映されているのか

確かに実質的意味概念を持つ有意味の語は指示対象を有し、従って、実在世界と関わっている。そして実在世界は全人類に共通の普遍的論理の世界である。しかし、日本語においても果たして「実体」と「属性」の区別に対応する形で言葉が世界と関わっているのであろうか。アリストテレスの根本的主張とされる存在論上のこの二大区分は、元来プラトンの指摘した命題の文中における言語上の区分、即ち、主語的表現としての「オノマ」と述語的表現としての「レーマ」との区別に対応させたものである。しかし、個々の語と実在世界との関わり、つまり文を離れて孤立した語の持つ固有の意味論的特徴と、ある事態を基にした発話者の「思考言明」、即ち、一つの完結した思想の言語表現としての文の構成においてそれらがどのように用いられるかということとは全く別のことである。しかるに、個々の語の指示する実在世界の構造とその語を用いて話者が思考言明する文の構造との関連性が議論されておらず、論点先取りの循環論法になっているのである。下記の（5）はこのことを概略図示したものである。

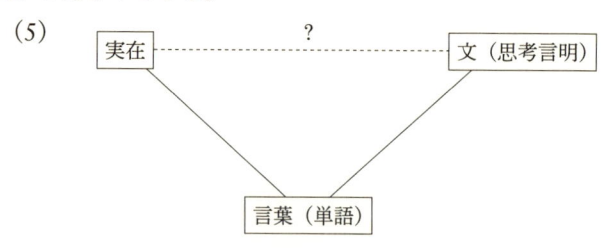

(5)

```
実在 ---------?--------- 文（思考言明）
         \           /
          \         /
           \       /
          言葉（単語）
```

「錆」は正にこの実在の構造と文の構造との関係に疑問を呈している。第6章2節で詳細に述べるが、語としての「錆」の指示対象である「錆」という存在物は塵埃等に分類される自然物である（国立国語研究所2004；池原悟他編1997参照）。しかし、その存在の仕方は「石」や「塵」等の自然物と異なり、自然界に自然に存在しているわけではない。鍋や自転車等ある種の人工物を場として存在するものである。「鉢植え」の「花」等も人工物「鉢」を場として

存在する自然物であるが、人為的なものである。「錆」の存在には、実験等の特別な場合を除いて、人の意志行為は関わらない。また、アリストテレスが『範疇論』(*Categories*) 第5章で指摘している「手・足」のように動物の諸部分として当然のものとして実体に内属している存在とも異なる。「錆」は鍋や自転車等につくことがあるが、当然のものとして常に存在しているわけではなく、本来ならないものである。しかし、存在の場となる鍋や自転車等の材料としての「鉄」に状態変化が起こった時に、存在するようになる。この時の状態変化が「錆びる」という現象であり、化学的には、水の存在下で鉄のイオン化が起こり、一定の段階を経て最終的に酸化鉄(Fe_2O_3)、即ち、「錆」ができる迄の化学変化を指す。詳細は以下の通りである（井上勝也 1994：27 参照）。

(6) (i) 鉄（Fe）表面がイオン化して、2価の鉄イオンが溶け出、下記のように化学反応が起こる。

$Fe \longrightarrow Fe^{2+}$（2価の鉄イオン）$+ 2e^-$（余った電子）

(ii) 上記の余った電子と水分子及び空気中の酸素との間で、次のように水酸化物イオンができる。

H_2O（水分子）$+ O_2$（空気中の酸素）$+ e^- \longrightarrow OH^-$（水酸化物イオン）

(iii) (i) と (ii) の反応が隣り合って起こり、2価鉄の水酸化物が次のように副次的にできる。

$Fe^{2+} + 2OH^- \longrightarrow Fe(OH)_2$（2価鉄の水酸化物）

(iv) この2価鉄の水酸化物が空気中の酸素で酸化されて酸化鉄、つまり、錆（Fe_2O_3）ができる。

換言すると、「錆びる」という現象は「乾く」や「枯れる」等の単なる状態変化とは異なり、酸化鉄（Fe_2O_3）、即ち「錆」の存在を前提とする。「錆」（Fe_2O_3）が状態変化の最終段階で結果産物として生成されて初めて、「錆びる」という現象は存在するのであって、「錆」（Fe_2O_3）が生成されなければ「錆びる」は存在しない。従って、化学現象という観点からは、「錆」と「錆びる」とは、同一の存在を異なる観点から捉えたものに過ぎず、両者を実体と属性のように異なる存在として切り離したり対比させたりすることはできな

いのである。そして、このような実在存在を指示している「錆」は、その事態を捉えた発話者の思考言明において、「自転車に 錆-がついた」のように文中で主語として用いられたり、「自転車が 錆び-た」のように述語として用いられたりする。前者では結果産物「錆」自体に焦点があり、後者の場合は状態変化「錆びる」に焦点があるが、いずれの文も基本的に同じことを表わし、同じ真理値を持つ。換言すると、主格の「-が」と共起している「錆-」も時制の「-た」と結合している「錆び-た」も指示対象は同一の存在だということである。下記に示すように両者のアクセントパターンも同じである。(金田一春彦・秋永一枝　2001：35、上線は高く発音され、|は後続音が下がることを示す。)

(7) a.　sa bi|-ga　　　　　b.　sa bi|-ru

このことの意味することは大きい。つまり、「錆」は、文中における語の機能から、その語の実在存在との関わりを予測することはできず、また存在論的帰結も引き出すことはできないことを示している。換言すると、実在構造は必ずしも文の構造に反映しているわけではないということである。そしてこのような語は「錆」だけに限らない。「黴」、「焦げ」、「もつれ」、「はげ」等他にもあり集団をなして存在しているのである。本書では、時制及び主格を表わす両要素を基準として、日本語の実在世界に指示対象を有する実質的意味概念を有する語彙要素「語基」がまずもって四つの主要な類（範疇）に区分されることを論証するが、これらはアリストテレスの提示するオノマとレーマの二区分とは対立する範疇の成員として、語類体系の中に確かな位置を保障されていることが明らかになる（第5章4節及び第6章2節参照）。そして結果として、存在の解明にアリストテレスの依拠したオノマとレーマの区別にどれほどの意味があるのかが問われることになるのである。

● 主語と述語のみが命題文の真偽と関わるのか

アリストテレスにおける疑問は他にも存在する。つまり、命題文の構成要素として主語となる語と述語となる語が少なくとも必要だとしても、それらの語のみではないということである。例えば、行

為の様態を表わす「ゆっくり」や状態の程度を表わす「とても」等いわゆる副詞は文中で述語の修飾語となるが、主語にも述語にもなることはない。しかし、R. Kortum（2002：318）も指摘しているように、副詞もまた、事実に照らして真偽の問われる命題文の重要な構成要素である。実際、激しく降っている雨を見て、「雨が　しとしと　降っている」と表現すれば、偽の文となる。とても寒い日に「今日は　ちょっと　寒い」と言明しても偽の文となる。前述のようにアリストテレスは、命題の議論にプラトンの指摘したオノマとレーマのみを取り上げ、接続詞等文中の他の構成要素全てをこれらと区別し除外した。従って、属性の属性を表わす副詞も接続詞等と同様に扱われたのである。結局、実在構造との関連性を論証することなく、文というものを前提にしかもその主語的表現と述語的表現のみを基にしたアリストテレスの「ovoμα・ρημα＝主語・述語＝実体・属性」という把握方式にどれほどの意味があるのかという疑問が湧く。本書では、第5章4節及び第6章3.1節で議論するように、副詞も実在世界と関わる実質的意味概念を有する語として語類体系の中に確かな位置が保障されている。

● 属性及び「レーマ」は時と一体化しているのか

　アリストテレスによると、「レーマ」は「属性」と共に時をも合わせ表わすとして「オノマ」と区別されている。換言すると、属性と時、そして、述語と時とは一体化しており切り離すことができないという主張である。だが何故なのか、その必然性に対する説明はない。J. L. Ackrill（1963：119）は「主語で時を表わし、述語で時を表わさない言語は存在しないであろう」（筆者訳）と述べているが、本質的な議論は提示されていない。そして、時を基にしたオノマとレーマとの区別はTalmy Givón（2001）等に見られるように、基本的に現代文法の名詞と動詞の区別にまで通じている。しかし、日本語には、時制のマーカーとの結合性において形態論上区別できる状態や性質等の属性を指示する語彙要素が二種類ある。形容詞（「イ-形容詞」）と形容動詞（「ナ-形容詞」）である。前者は時制を表わす「-い（非過去）／-かった（過去）」と共起し述語になるが、

後者は共起しない。*13 つまり、形容動詞（ナ-形容詞）は第6章3.2節で詳述するように述語として用いられるが、名詞の場合と同様に時制のマーカーと共起するわけではないのである。そしてそれを裏付けているのが指示対象である。和語の形容動詞は少ないが、その典型的な指示対象は「やんちゃ、真面目」等の人の性格、即ち、アリストテレスにおける生得的状態という属性である（『範疇論』第5章）。人の性格は「三つ子の魂百までも」と言われるように、普通はその人の誕生あるいは幼児期以来持続し、基本的に一生変わらないとされる。つまり、「その人」が存在するということは、「その性格」が存在するということなのである。その意味で、「人の性格」は「ソクラテス」や「本」等と同様に時間的に安定した存在であり、アリストテレスにおける「実体」と同じ存在ということになる。このように時間的に安定した持続的な属性を指示し、かつ文中では時制と共起せずに述語となる形容動詞は、明らかにアリストテレスの見解と対立する。先述のように第5章及び第6章では、日本語の語彙要素が時制と主格の両要素を基に四区分されることを詳述するが、これらはこの語類体系の中で、時制を表わす「-い／-かった」と共起する形容詞とは明確に区別され、副詞と同様に、主格を表わす要素とも時制を表わす要素とも結合できない類に所属する。結果として、時を基にしたオノマとレーマとの区別、そして実体と属性との区別の意味は曖昧になる。

　以上、「範疇論の原理の最初の作者」（ルイス・イェルムスレウ著・小林英夫訳 1958: 61）とされるアリストテレスの見解に対する疑問点を挙げた。これらの疑問を念頭に、本書は日本語における実在世界に指示対象を有する実質的意味概念を有する語彙要素の分類を論理的且つ実証的に分析し、更にその意味論的、哲学的分析を通して、古典期ギリシャの哲学者による言葉と実在存在との把握方式を再考する。但し、本書の関心は存在論自体にはない。しばしば、「実体と非実体［属性］との区別だけは確定的だ」（牛田徳子 1991: 12）と言われる。また、『命題論』第1章始めには、思考を表わす言葉は音声も文字も民族により異なるが、思考、そして、その元となっている事物／実在は全人類に同じである（水野有庸訳

1996：208 参照）と記されている。「実体」と「属性」という存在論上の二大区分が普遍的だということである。日本語においても果たして、存在のこの区分に対応する形で言葉が実在世界と関わっているのか、この点に関心がある。

─────────

＊1　第2章1、2、4節は山橋幸子（2010）の内容を敷衍した。
＊2　参照した『ソピステス―〈あるもの〉（有）について―』は、バーネット版プラトン集（J. Burnet, *Platonis Opera*, 5 vols., Oxford Classical Texts）を底本とした藤沢令夫の訳（1976）に基づく（田中美知太郎・藤沢令夫編 1976 より）。「ソピステス」は「ソフィスト」Sophist（古代ギリシャの修辞学、哲学、倫理学等の教師）の複数形 Sophistes の意味である。
＊3　プラトンの対話編では、どこまでがソクラテスの言葉で、どこまでがプラトンの考えなのかがしばしば問題となるとされている。しかし、登場人物「エレアからの客人」を通して述べられていることはプラトンの見解とされる。以下は、「エレアからの客人」に対する藤沢令夫（1976：390）の解釈である。
　　プラトンの対話編の登場人物はほとんどが歴史的に実在した人であるが、これ［エレアからの客人］は例外的に架空の人物である。プラトン後期の二つの重要な対話編の主役となるこのエレアからの客人が、どのような立場のどのような人物であるかについては、この対話編そのものが導入部において、的確に紹介し説明している。……その紹介により全体として彼が真の哲学者として規定されているということは、この架空の人物を通じて語られる事柄が、プラトン自身の哲学的立場と見解を示すものとみなされうることを、われわれに告げるであろう。
＊4　ギリシャ語の「オノマ」'ὄνομα'（*onoma*）は元来「名指し言葉」'name' の意味を持つが、文中の機能を基に主語的表現 'subject-expression' の意味も持つ（J. L. Ackrill 1963：118 参照）。同様に、「レーマ」'ῥῆμα'（*rhema*）は「述べ言葉／動詞」（verb）とも、述語的表現 'predicate-expression' とも解される。しかし、いずれの意味も全ての文脈に適合するわけでなく、「現代語にはオノマとレーマの持つ全ての意味を表す語は存在しない」（H. Arens 1984：24、筆者訳）とされる。従って、本書においても「オノマ」と「レーマ」をそのまま用いる。
＊5　水野有庸（1966：205）によると、「この作品の原題名は『ペリ・ヘルメーネィアース（Peri hermeneias）』である」が、「西欧世界では6世紀初頭の人ポエティウスが書題を《De Interpretatione》とラテン語訳して以来、現代までこの方が親しみ深く感じられ、近代語で示される時にも、書題はなかば機械的に《On Interpretation》とか《De l'interprétation》とかにされる慣わしとなっている……ところが、この題名の真意がわかりにくいために、ひとは作品内容の或る一面だけに着目して、《命題の理論》、《判断の理論》、《命題論》などと

いう俗受けのする別名を用いることもあった。わが国でも、従来は《命題論》が一般の呼名であった。けれども、訳者自身は、《命題論》という題名が種々の根深い誤解に基づく不適切な題名である」と述べている。但し、本書では目的に直接影響しないので、通称の《命題論》を用いる。

＊6　以下本書では、L. Minio-Paluello 校訂の *Oxford Classical Text*（1949）を底本とした松永雄二訳（1966）「カテゴリアイ（範疇論）」、*Oxford Classical Text*（1961）を底本とした水野有庸訳（1966）「命題論（言葉によるものごとの明示について）」を主に参照したが、J. L. Acrill（1963）*Aristotle- Categories and De Interpretatione*、Hippocrates G. Apostle（1980）*Aristotles- Categories and Propositions* も参照した。

＊7　'syncategorematic' とは、「〔哲学〕共義的な《独立した意味をもたず他の語との関連においてのみ意味を持つ接続詞・副詞などをいう》(『ジーニアス英和大辞典』p. 2176)。

＊8　(1) のオノマと対比しているレーマは、例えば「健は　若い」における「若-い」のように、時と一体化し付帯的な性質付けをする「属性」と対応している述語を指す。従って、例えば「健は　男だ」における「男」は、主語「健」について述べているがレーマではない。アリストテレスの把握方式では、「男」は「健」と同じカテゴリーに属する普遍的な（第二）実体であり、「健」等の主語的存在としての個別的な（第一）実体が何であるかを本質規定するとして区別されている（アリストテレス『カテゴリアイ（範疇論）』2 & 5 章、松永雄二訳 1966: 170-179 参照）。

＊9　中村完・後藤斉訳（1992: 41）を参照したが異なる部分もある。特に 'inflected for' の部分に関して、オノマの場合「格変化する（品詞）」ではなく「格変化している（品詞）」とし、レーマの場合「時制……の変化する（品詞）」ではなく「時制……において変化している（品詞）」とし、原文に合わせ、語形が表わしている状態が読み取れるようにした。以下は R. H. Robins（1990: 39）からの引用である。

>　*ónoma* (noun): a part of speech inflected for case, signifying a concrete or abstract entity,
>　*rhēma* (verb): a part of speech without case inflection, but inflected for tense, person, and number, signyfying an activity or process performed or undergone,
>　*metochē* (participle): a part of speech sharing the features of the verb and the noun,
>　*árthron* (article): a part of speech inflected for case and preposed or postposed to nouns,
>　*antónymia* (pronoun): a part of speech substitutable for a noun and marked for person,
>　*próthesis* (preposition): a part of speech placed before other words in composition and in syntax,
>　*epirrhēma* (adverb): a part of speech without inflection, in modification of or in addition to a verb,
>　*sýndesmos* (conjunction): a part of speech binding together the discourse

and filling gaps in its interpretation.

*10　中村完・後藤斉訳（1992：91）を参照したが、用いた術語等は異なる。原文は以下の通りである。

　　nōmen: a part of speech signifying by means of the mode of an existent or of something with distinctive characteristics...... The mode of an existent is the mode of stability and permanence.

　　verbum: a part of speech signifying through the mode of temporal process, detached from the substance (of which it is predicated).

　　participium: a part of speech signifying through the mode of temporal process, not separated from the substance (of which it is predicated).

　　prōnōmen: a part of speech signifying through the mode of an existent, wihtout distinctive characteristics......

　　　　　　　　　　　　　　　　　　　　　　　(R. H. Robins 1990：89)

*11　以下は原文である。

　　a. That nouns, or the names of things, must make part of every language, will not be disputed. Men could not speak of one another, or of any thing else, without substantives..... Substantive, or Noun, is a word denoting a substance; or more probably, is "a word denoting the thing spoken of."

　　　　　　　　　　　　　　　　　　　　　　　(James Beattie 1788：127)

　　b. Of Attributives—Adjectives, Participles, Verbs......

　　［B］y nouns and pronouns alone not one human sentiment could be expressed.

　　There must, therefore, in all languages, be other classes of words. Men not only speak of persons and things, but also of the qualities, characters, and operations, of persons and things...... Now the words that denote attributes or qualities are in general called *Attributives*. The antient Greek Grammarians called them *rhemata, verba, verbs.*

　　　　　　　　　　　　　　　　　　　　　(James Beattie 1788：161–162)

*12　以下は、原文である。

　　It is well to remember that speech consists of a series of propositions. There must be something to talk about and something must be said about this subject of discourse once it is selected. This distinction is of such fundamental importance the vast majority of languages have emphasized it by creating some sort of formal barrier between the two terms of the proposition. The subject of discourse is a noun. As the most common subject of discourse is either a person or a thing, the noun clusters about concrete concepts of that order. As the thing predicated of a subject is generally an activity in the widest sense of the word, a passage from one moment of existence to another, the form which has been set aside for the business of predicating, in other words, the verb, clusters about concepts of activity. No language wholly fails to distinguish noun and verb, though in particular cases the nature of the distinction may be an elusive one. It is different with the other parts of speech. Not one of them is imperatively required for the life of language.

(Edward Sapir 1921：119)

*13 中には形容動詞や名詞と共起する「-だ／-だった」を時制のマーカーと捉える立場もあるが、本来の機能は断定を表わすことであり時制自体を表わすことではない。そして「-る／-た」等の時制マーカーと異なり、「これは 見事-だ」における述語「見事-だ」の「-だ」が省略され「これは 見事」のように用いられることもある。「パンを 食べ-る／-た」における「-る／-た」が省略できないのとは対照的である（*パンを 食べ-）。（詳細は第 5 章の注 9 参照）

第3章
「転成分析」
「(連用形) 転成名詞」再考

　テーマである語類の議論に先立ち、本章では「品詞」分類の基本的区分とされている「名詞」と「動詞」の二分法に矛盾する「錆」等のこれまでの言語学的扱い、即ち、「(連用形) 転成名詞」とその問題点について述べ、別の見方について概述する。*1

1.「転成名詞」とは

　「転成」とは、ある語が形を変えずに他の品詞の性質を持つようになる現象を指して言い (鈴木丹士郎 1972：168 他)、日本語のみならず他の言語にも古くからある現象として一般に受け入れられている。例えば、英語で 'water' は「水」の意味で「名詞」と見なされるが、'I will water it' の「(私が) 水をまく／やる」の意味では「動詞」と見なされる。両者の間に形式上区別すべき何ら明確な違いはない。つまり、同一の形式 'water' が名詞としても動詞としても用いられるということであり、他にも 'book'、'carpet'、'tea' 等英語にはこのような語が非常に多い。これらは、名詞が音形的に何の付加もなく動詞へ派生して「転成」(conversion) した "denominal verb"（名詞からの転成動詞）と一般に呼ばれている (James Rose 1973; Eve Clark and Herbert Clark 1979; R.A.Buck 1997 他参照)。

　日本語における「錆」や「黴」等の場合は、動詞から名詞に転成したものとして扱われ、それぞれ「錆びる」、「黴びる」という動詞からの「(連用形) 転成名詞」と一般に呼ばれている。本題に入る前にまず、この「転成分析」の議論に必要な日本語の動詞の分類について以下に概述する。

　日本語には、「する」と「来る」という不規則動詞以外に、「母音

動詞」と「子音動詞」と呼ばれる二種類の動詞がある。「単語」（あるいは「語」）の中核となる部分で、音素レベルで取り出せる不変化部分の最小の実質的意味概念を有する要素「語基」(base)*2 が母音で終わる動詞が母音動詞で、子音で終わる動詞が子音動詞である。*3 例えば、「見る」'mi-（ru）'の語基は 'i' という母音で終わっており、母音動詞である。一方、「動く」'ugok-（u）'*4 の語基は 'k' という子音で終わっており、子音動詞である。つまり、「見る」'mi-（ru）'や「食べる」'tabe-（ru）'等のいわゆる学校文法や伝統的な国文法研究等における「（上、下）一段動詞」が母音動詞に相当し、「動く」'ugok-（u）'や「釣る」'tur-（u）'等のいわゆる「五段動詞」が子音動詞に相当する。

　「転成」という現象は母音動詞にも子音動詞にも起こるとされており、「動詞の諸活用形中の一形である連用形が、そのままの形で名詞に転化するという、簡単な方式」（西尾寅弥 1961：61）により形成されるものであり、語構成論という観点からは、ゼロ接辞の結合による一種の派生語として古くから受け入れられている（阪倉篤義 1997：20）。*5 派生語は例えば、「寒さ」'samu-sa'の場合、「寒い」'samu-i'という形容詞の語基「さむ-」'samu-' に、「-さ」'-sa'がついて派生した名詞等を指す。「甘み」'ama-mi'も派生語であり、「甘い」'ama-i'という形容詞の語基「あま-」'ama-' に「-み」'-mi'がついて派生した名詞である。しかし、転成名詞の場合には、元の語基に何らかの具体的な形式が付加するわけではなく、（従って、「ゼロ接辞」と呼ばれる）形式上の違いはなんらないが、異なる品詞に派生するというものである。例えば、「錆-が」'sabi-ga'の「錆」'sabi'は「錆び-る」'sabi-ru'という動詞の連用形「錆び（-ます）」'sabi(-masu)'に「ゼロ接辞」が付いて、名詞に転成した「転成名詞」ということになる。また、「動き-が」'ugok-i-ga'の「動き」'ugok-i-'は「動く」'ugok-u'という動詞の連用形「動き（-ます）」'ugok-i(-masu)'から転成した「転成名詞」なのである。

2. 「転成名詞」をめぐる経験上の問題点

　転成名詞に関しては、意味論的考察を中心にこれまで多くの研究がなされている（宮島達夫 1957；西尾寅弥 1961；1988；松村一登 1993 他参照）。下記の分類は、宮島達夫（1957）の考察を発展させた西尾寅弥（1961）の考察による転成名詞の意味領域である。
(1) 転成名詞の意味分類
　　① 動作・作用等
　　イ）動作・作用そのもの［何々スルコト］
　　　　泳ぎ・調べ・貸し出し・繰上げ・寝射ち・乗り降り・格上げ・味付け
　　ロ）動作・作用の内容［何々スルトコロノコトガラ］
　　　　考え・教え・望み・願い・悩み・祈り
　　ハ）動作・作用のありさま・方法・程度・具合・感じ等
　　　　金遣い（が荒い）・滑り（がいい）・売れ行き（がすごい）・出来（米の―）・当たり（が柔い）
　　② 動作・作用の所産・結果［何々シタモノ］
　　イ）他動性の動詞から［何カヲ何々シタ結果デキタモノ］
　　　　包み・貯え・揚げ（揚げ物）・堀・書つけ・綴じ込み
　　ロ）自動性の動詞から［何カガ何々シタ結果デキタモノ］
　　　　余り・固まり・氷、集まり（点の―）・くぼみ
　　③ 動作・作用の主体［何々スルモノ・人。ソレ（ソノ人）ガ何々スル］
　　イ）主体が人である場合［何々スル（コトヲ業トスル）人］
　　　　どもり（＝どもる人）・すり・見習い・付添い・船乗り・酔っ払い
　　ロ）主体が人以外である場合［何々スルモノ］
　　　　流れ（＝流れるもの）・妨げ（＝妨害物）・支え（支えるもの）
　　④ 動作・作用の客体［何々スルモノ・人。ソレ（その人）ヲ何々スル］
　　　　つまみ・差入れ（＝差入れ品）・手提げ・下ばき・外出

　　　　着・雇い（雇員）
　　⑤　動作・作用の手段［何々スルタメノモノ。ソレデ何々スル］
　　　　はかり・はさみ・カンきり・ねじ回し・靴下止め
　　⑥　動作・作用の向けられる目標［何々スル（タメノ）モノ。ソレニ何々スル］
　　　　こぼし・糸巻き・一輪差し・ようじ入れ・洋服掛け
　　⑦　動作・作用の行われる場所［何々スルトコロ］
　　　　通り（＝道）・果て（地の一）・受付（＝受付ける所）
　　⑧　動作・作用の行われる時間［何々スルトキ］
　　　　暮れ・日暮れ・夜明け・夜更け・終り

（西尾寅弥 1961：70-71）

　つまり、転成名詞は、「泳ぎ、釣り」等の動作・作用そのものから、「はかり、はさみ」等の動作・作用の手段や「通り、果て」等動作・作用の行われる場所に至るまで、非常に広範囲の意味領域に渡っているとされており、現在も基本的に受け入れられている。しかし、この分析のもたらした未解決の問題も多く存在する。

　第一に、日本語のアクセントは、「音程」（あるいは「ピッチ」）と呼ばれる語内の音の高さが意味の違いをもたらすという重要な役割を担っているが、アクセントには起伏式と平板式との二種がある。*6 転成名詞は、「原則として元のアクセントが平板式なら平板式、起伏式なら起伏式になる。元のアクセント式を変えない」（金田一春彦・秋永一枝 2001、付録 p. 12）とされている。実際、母音動詞の関わる場合は、元の動詞とされるものも転成名詞とされるものも同じである。

　　(2)　a.　sa bi-ru　　　　　b.　sa bi-ga
　　(3)　a.　ka bi-ru　　　　　b.　ka bi-ga

（金田一春彦監修・秋永一枝編 2001：163；325）

(2a) の「錆び-る」も (2b) の「錆-が」も起伏式であるのみならず、両者のアクセントは完全に同じである。(3) の「黴」の場合にも同様のことが言える。しかし、子音動詞の場合には、必ずしもこのようなことが言えない。

(4) a. ugo̍k-u　　　　b. ugoki-ga
(5) a. mu̍k-u　　　　b. mu̍ki-ga
(6) a. tanom-u　　　　b. tanomi-ga
(7) a. o yo̍g-u　　　　b. o yogi̍-ga

(同上 pp. 68；824 参照)

　(4) には、(4a) の「動く」が 'go' の部分が高く起伏式であるのに対し、転成名詞とされる (4b) の「動き (−が)」の場合には、'goki (-ga)' の部分が高く、平板式であることが示されている。つまり、転成名詞のアクセント式の原則に矛盾しているのである。同様のことが、(5a) の「向く」と (5b)「向き (が)」、(6a) の「頼む」と (6b)「頼み (が)」のペアにも言える。また、(7a) の「泳ぐ」と (7b)「泳ぎ (−が)」の場合のようにアクセント式は同じでも、アクセントの位置の異なる場合もある。このように子音動詞由来とされる転成名詞の場合、元の動詞と異なるアクセントパターンを持つ例を探すのはさほど難しくない。

　第二に、転成分析は語の形態論的秩序という観点からも問題をもたらしている。例えば、「動き (−が)」は子音動詞「動く」'ugok-u' の連用形 'ugok-i (-masu)' からの転成名詞とされているが、これらは「本」等本来の名詞とされる語彙要素「語基」の持つ形態論的特徴と異なる。主格を表わす「−が」との結合性は、名詞に固有の特徴とされており、実際「本」の語基 'hon' は 'hon-ga' のようにそれ自体、「−が」と結合可能である。しかし、「動き」等の子音動詞由来とされる転成名詞には同じことが言えない。元の動詞「動く」'ugok-u' の語基は 'ugok-' であるが主格の「−が」と結合できない ('*ugok-ga')。動詞の連用形は、基本的に開音節という日本語の特徴上、それ自体意味を持たないつなぎとしての形態素 '-i-' が加わることにより形成される (上山あゆみ 1991: 49–50)。従って、「動く」の連用形「動き (−ます)」の構造は語基 'ugok-' に '-i-' が加わった 'ugok-i' である。これがそのまま名詞に転成するわけだから、「動き−が」の構造は 'ugok-i-ga' である。つまり、主格の「−が」は、音素レベルで取り出せる最小の要素としての語基 'ugok-' 自体に結合するわけではなく、つなぎの '-i-' が結合して 'ugok-i' とい

うより大きな単位となった要素に、はじめて結合している。このように「転成分析」の下では、主格の「-が」との結合性の異なる語基からなる名詞が混在しており、形態論的秩序が維持されていないということになる。

更に、「言語学は、その教育的側面を忘れたら無価値になるのは昔からの話なわけである」(土屋俊 1993：79) とされるが、この観点からも転成分析は問題をもたらしている。全ての動詞が名詞に転成するわけではないからである。例えば、「見る」'mi-ru' の連用形「見 (-ます)」'mi (-masu)' は、主格の「-が」と共起することはなく (「*見 (-が)」'*mi (-ga)') は「名詞」として用いられない。「会う」の連用形「会い (-ます)」'ai (-masu)' にも同様のことが言える (「*会い (-が)」'*ai (-ga)')。従って、どの動詞が名詞に転成するのか、「転成」の判断基準が必要であるが、今なお未解明のままであり、外国語としての日本語教育の現場では深刻な問題となっている。中国の大学で日本語教育に携わっている今井喜昭 (1990：1) は、「動詞の連用形は名詞として使える、と文法は教える。しかし、動詞の連用形が名詞として使われる場合の、いわゆる転成名詞に関しては、どの動詞の連用形が名詞として使え、或いは使えないのか、については何ら具体的に教えていない」と述べている。以下は、日本語学習者による非文の例である。

(8) *人類の脅かしの一つに癌があります。

(今井喜昭 1991：2)

(9) *彼は私にお金を借りておきながら、まだ返しをしません。

(同上)

(10) *そういう表わしは昔はありましたが、今はありません。

(今井喜昭 1990：4)

例文 (8)〜(10) は、それぞれ「脅かし」、「返し」、「表わし」が転成名詞として用いられているために容認されない。何故なのか、説明が必要である。しかし、上記の (1) にも示されているように転成名詞の意味領域は非常に多岐に渡っており、転成する動詞をそうでない動詞と区別するのは実際問題至難の業である。国広哲弥 (2002：77) も、「『別れ』はあるが『会い』はない。釣りで『今日

は食いがよくない』とは言うが、『今日のお客さんは食べがよくないね』とは言えない。ここには何らかの意味的制約があるのか、単なる慣れの問題なのか、よく分らない」と述べている。中国からのある大学院生が、「動詞を見るたびに、これは名詞として使えるのだろうかと迷う」と言っていたことが今も記憶に残っている。そしてこの問題は、日本語教育上の問題のみに留まっていない。学者間でも転成名詞の範囲が一致していないのである。例えば、「ささくれ」は、北原保雄他編『日本国語大辞典　第二版』(2001) では本来の「名詞」として扱われているが、池原悟他編『日本語語彙大系1　意味体系』(1997) 及び大槻文彦著『新編大言海』(1982) では「転成名詞」として扱われている。また、「汚れ」は北原保雄他編 (2001) 及び池原悟他編 (1997) では転成名詞となっているが、大槻文彦 (1982) では本来の名詞となっている。結局、各語の実際の扱いに関しては、個々人の判断に委ねられているというのが現状である。

3.「転成名詞」の理論上の問題点と別の見方

　上に「錆」等の転成名詞をめぐる経験上の問題点について述べた。ここでは更に、言語研究という観点からこの分析の背後にある考えを明らかにし、問題解決に向けた別の見方を提示する。

　まず指摘しなければならない重要なことは、転成分析が「オノマ」と「レーマ」に由来する「名詞」と「動詞」という伝統の二区分を大前提としているということであり、文中における語の機能と緊密に結びついているということである。実際、イェスペルセン (Otto Jespersen 1924：62 ［半田一郎訳 1958：57］) は以下のように述べている。

　　英語には一つ以上の語類に属する語が多いといっても、それはただ孤立した形式についてのみ真実であるということである。或る語が実際の言葉［actual speech］に用いられる個々の場合には、その語は明確に一つの類に属し、他のいかなる類にも属さないのである。しかし、このことは、よく著者たちに看過され、

>　　We *tead* at the vicarage.（われわれは牧師館でお茶を飲んだ）
>
> という文は実詞が動詞として用いられた一例である、と彼等は言う……ところが実は、これも本当の動詞なのであって、*dine* や *eat* と代わりはない。尤もそれは *tea* という実詞から──不定詞に<u>何ら区別の明確な語尾をもたず</u>に──派生したものではある。
>
> （下線は筆者、漢字は現代表記法に変更）＊7

ここには、文を離れて孤立した語としては同形であるものが、文中では（明示的な接辞を伴わずに派生して）異なる語類に属することが強調されている。

　言語研究上重要なことは、名詞と動詞という伝統の二区分が文中の対立的な概念である主語及び述語と密接に結びついているということである。しかるに、文中で主語としても述語としても用いられる語は、この伝統の二分法の原理原則に反するのである。このような現象の解釈として理屈上以下のようなことが考えられる。第一に、音形は同じであっても、名詞となる語と動詞となる語がそれぞれ別個に存在するという見方である。しかし、これは言語の経済性という観点から望ましくない。次に考えられることは、同一の語が複数の語類に属するという見方である。しかし、同一語が名詞と動詞という互いに対峙しているはずの語類に同時に属するとするのは矛盾している。こうして動詞という品詞から名詞という品詞への転換という「転成分析」が現在一般に受け入れられている。しかし、ここには上記した分析それ自体がもたらしている経験上の問題点以外に、言語研究の根幹に関わる理論上の重要な問題がある。つまり、語の「転成」は上述のイェスペルセンの指摘にあるように、明示的に付加する接辞が何もないのみならず、それが文という語より大きな言語単位の下においてのみ認識されるという点である。換言すると、形態論を語内、統語論を語より大きな単位の問題として区別するなら、転成は統語論上の問題として扱われ構成される派生語ということになる。語構成の文法理論における位置づけは、これまでにも諸説あり学者間で異なる（影山太郎 1993；阪倉篤義 1997；斎藤倫

明1992他参照)。しかし、少なくとも「-さ」等具体的な接辞の結合により派生する「寒-さ、甘-さ」等の派生語の形成は、統語論の問題ではなく語の構成に関わる語構成論（派生形態論）の問題というのが一般的である（阪倉篤義1997：12-14；斎藤倫明1992：17他参照）。しかるに、「錆-が　付いた」における「錆」等の転成による派生語のみは何故文なしには認識されない、文レベルにおいて扱われる統語論的問題なのだろうか。派生語であっても転成名詞だけが明示的接辞の関わる派生語とは異なることをどう論理的に説明できるのだろうか。そして例え何らかの説明あるいは解釈ができるとしても、音形上同一の語が、文中では対置しているはずの品詞に転成するのは一体何故なのかという本質的な疑問は残る。形態素の側から見ると公平な扱いとは言えない。*8 形態素をどのようなものとして扱おうとするのか、言語研究の根幹に関わる重要な問題がここにはある。

　転成分析の大前提、即ち、「名詞」と「動詞」の区分は果たして日本語の文法構築にも意味のあるものなのだろうか。この区分が受け入れられるには、語類体系全体を統一している秩序に整合し、日本語という言語の研究解明に有益なものでなければならない。「錆」や「黴」等の示す言語事実は名詞と動詞の区分に真っ向から対立しているのではないだろうか。

　本書では名詞と動詞の二区分を前提とせず、言語事実と虚心坦懐に向かい合い日本語における語類の解明を試みる。既に述べたように、実在世界と関わり語彙的意味を有する要素「語基」の主格を表わす要素と時制を表わす要素との結合性を基準とした語の分類である。詳細は第5章4節で論ずるが、結果として、子音動詞由来とされる転成名詞は元の動詞とは元来別々の語基として存在し異なる類（範疇）に属することになる。元の動詞は、主格を表わす要素とは結合できないが、時制を表わす要素とは結合できる類に属し、いわゆる転成名詞は主格を表わす要素と結合できるが、時制を表わす要素とは結合できない類に属する。一方、「錆」等の母音動詞由来とされる語基は、元の動詞も転成名詞も同一の要素として主格及び時制を表わす両要素と結合性を有する類に所属する。そして、これら

は第2章で述べた「錆」等のように、当然のものとして通常存在するものや予期されるものとは区別された存在、つまり、主語と述語の二区分に対応させた「実体」と「属性」というアリストテレスによる存在論上の区分とは対立する特殊な存在を指示していることが明らかになる。換言すると、伝統の二区分と矛盾するこれらの語彙要素は、形態論的秩序と意味論的秩序に裏づけされた日本語の語類体系においてその位置を保障されており、転成の問題ではないということである。また、これらは文中において、例えば、「自転車に<u>錆-が　ついた</u>」のように主語として用いられ、「自転車が　<u>錆び-た</u>」のように述語としても用いられるが、「錆-が」、「錆び-た」いずれの場合も（実在世界における）同一の存在を指示している。このように文中で異なる機能として用いられるのは、第2章でも述べたように、また第6章でも更に議論するように、言表する話者の焦点の問題が関わっているからであり、このことから、文中の機能を基にその語の形態論的特徴も実在世界との関わり、即ち、意味論的特徴も予測できないことが明らかになる。換言すると、転成名詞にまつわる問題点は解決されるが、単語と文との二元性が示唆され、「名詞」と「動詞」の区別のみならず、統語論的考察に基づく語の分類の意義が曖昧になるのである。

＊1　第3章は山橋幸子（2009）及びSachiko Yamahashi（2010）の内容を敷衍した。
＊2　「語基」（base）はしばしば、「読み」'yom-i'等のように合成語を作る自立的な形式という意味で用いられる（村木新次郎 1991：25 他参照）。しかし、本書ではこのような意味で用いていない。第5章2節で規定するが、動詞や名詞等品詞の区別には関わらず、概略、語の土台となる実質的意味概念を有する音素レベルで取り出せる最小の不変化部分の要素を指す。
＊3　米国の言語学者 Bernard Bloch（1907-1965）による "Studies in colloquial Japanese I: Inflection"（1946）以来とされる分類法で、「音素」という音韻論上の最小の単位を基に動詞を分類したものである。ひらがな書きできる音素より大きな単位、音節を基にした学校文法や伝統的な国文法研究における「五段動詞」、「上一段動詞」、「下一段動詞」という分類法とは異なる。（学校文法に

おける動詞の活用表に関する問題点については、寺村秀夫（1984）、鈴木重幸（1996）等を参照。）国内でも森岡健二（1994）、鈴木重幸（1996）、仁田義雄（2000）、村木新次郎（1991）、上山あゆみ（1991）、寺村秀夫（1984）等「音素」レベルで議論する学者が近年多い。

＊4　日本語の音節は、撥音と促音以外は、全て母音で終わる開音節である。従って、子音動詞の場合、様々な音韻論的及び形態論的変化が起こる。例えば、「動く」'ugok-u'の語基'ugok-'に非過去の時制マーカー「-る」'ru'が結合する際、最初の'r'は削除されて'ugok-u'となる。

＊5　但し、影山太郎（1993：181-193）では、生成文法の理論枠において二値的範疇素性の値（＋、-）を切り換えるという方法（例えば、「読む」[－N，＋V，－A] は名詞化という操作によって「読み [＋N，＋V，－A] になる」で転換（転成）を説明しおり、「ゼロ接辞」を想定していない。

＊6　高く発音される部分に低く発音される部分が後続するアクセントパターンが起伏式、そうでないパターンが平板式である（アクセントに関する詳細は第4章2.1節参照）。

＊7　原文は以下の通りである。

[E]ven if......a great many other English words belong to more than one word-class, this is true of the isolated form only: in each separate case in which the word is used in actual speech it belongs definitely to one class and to no other. But this is often overlooked by writers who will say that in the sentence "we tead at the vicarage" we have a case of substantive used as a verb. The truth is that we have a real verb, just as real as *dine* or *eat*, though dereived from the substantive *tea*—and dereived without any distinctive ending in the infinitive ......

(Otto Jespersen 1924：62)

＊8　「形態素」という術語の用法は学者により異なる。ヴァンドリエス（Joseph Vendryes 1875-1960）やイェルムスレウ（Louis Hjelmslev 1899-1965）によると、文中の要素は二つに分けられるが、観念を表わす要素を「意義素」と呼び、文法的関係を表わす要素を「形態素」と呼んでいる。ブルームフィールド（Leonard Bloomfield 1887-1949）では、独立するか否かに関わらず意味を有する最少の単位を指す。ボードアン・ド・クルトネ（Baudouin de Courtenay 1845-1929）では「それ以上、意味を持った要素に分割できない、単語の部分をさし……単語内部の語根、語幹や接辞（接頭辞、接中辞、接尾辞、屈折形態素など）を意味し、単語に従属している」（村木新次郎 1991：18）。松下大三郎、森岡健二、鈴木重幸、村木新次郎、仁田義雄等もこの用法と基本的に同じである。本書も形態素を単語に従属する単語の部分とし、単語の構成要素と捉える。

第3章「転成分析」　51

第4章
単語とは

1. 日本語における「単語」をめぐる論争

「単語」を規定するのは簡単ではなく、しばしば primitive notion（原初的概念）として用いられる。日本語においても、単語の定義、もしくは、認定法をめぐって諸説があり、現在も学者間で共通の理解が得られていないのみならず、「学界には日本語の単語についてこだわらないという風潮がある」（鈴木重幸 1996：31）。しかし、「語」という単位の言語研究上の重要性は明白であり（宮岡伯人 2002；中山俊秀 2007 他参照）、語類の解明には、「単語」（あるいは「語」）"word"とは何かということをまずもって明確にする必要がある。本章では単語の認定法及び定義を明らかにするが、最初に、ヨーロッパの伝統的文法論の影響を受けた明治以降の"大文法家"による単語観を、語類解明に重要な意味を持つ「助詞」及び「助動詞」の扱いに注目して概述する。

　一般に最初に挙げられるのが大槻文彦（1847–1928）の単語観である。大槻文彦は単語を「英語ノ word ニ当ル」（1897：32）と述べ、文の成分としての存在と見なしてはいるが、辞書における単位体的存在としての側面から、単語を「名詞」、「動詞」、「形容詞」、「副詞」、「接続詞」、「助動詞」、「テニオハ」（助詞）、「感動詞」の八種類に分類した（同上 p. 49）。現行の伝統的な単語分類としての品詞の原型とされているが、助詞も助動詞もともに単語として扱われている。これに対して、山田孝雄（1873–1958）は単語というものを語彙的側面を持つと同時に文の成分としての文法的側面を持つという見地から、単語観を展開させる。そして、助動詞を「一種の語尾にして独立したる単語にはあらざるものなり」（1908：363）として、単語以下の「動詞」の複語尾と位置づけた。そして単語を

「体言」、「用言」、「副詞」（副詞、接続詞、感動詞を含む）、「助詞」に分類した。つまり、助動詞は基本的に単語として扱われなかったが＊1、助詞は単語として扱われた。山田孝雄のこの助詞の扱いに対し、松下大三郎（1878-1935）は疑義を呈する。松下大三郎は、意味を有する最小の存在としての「形態素」、文の成分としての「単語」、そして「文」という三つの単位を認め、それぞれ「原辞」、「詞」、「断句」という用語を当てる。「原辞は言語の最低階級であって詞を構成する成分である」（1928：45）。「詞は断句の成分であって、自己の力で観念を表わすものである」（同上 p. 19）とし、詞（単語）を「名詞」、「動詞」（動詞、形容詞）、「副体詞」（連体詞）、「副詞」、「感動詞」に分類した。つまり、松下大三郎に至って、独立することのない助詞や助動詞は共に単語（「詞」）の構成要素（「原辞」）と見なされ、日本語における単語（「詞」）がヨーロッパの諸言語における"word"の概念と同様に扱われるようになった。レナード・ブルームフィールド（Leonard Bloomfield 1935：178［三宅鴻・日野資純訳 1962：231-232]）は"word"を以下のように定義付けている。

　　二つ以上のヨリ小さい自由形式ばかりから成る自由形式、……は、句（phrase）である。句でない自由形式は、単語（word）である。従って、単語とは、（二つ以上の）ヨリ小さい自由形式ばかりには分析できない自由形式である。約言すれば、単語とは<u>最小自由形式（minimum free form）</u>である。

（下線は筆者）＊2

従って、松下文法では、文中の助詞や助動詞を伴った「犬-が」、「犬-だ」や、「寝-た」等は「詞」word であり、助詞、助動詞を除いた部分の「犬」や「「寝-」も「原辞」であり、単語以下の単語の構成要素と見なされた。

　しかし、昭和のはじめに橋本進吉（1882-1945）がヨーロッパの諸言語における word（単語）という単位は日本語に不要とし、異なる見解を展開する。橋本文法では、音声的観点から「文」、「文節」、「語」という三つの単位が取り出され、「文は音の連続であ」り、「文の前後には必ず音の切れ目がある」（1934：6）。「文節は、

文を分解して最初に得られる単位であって、直接に文を構成する成分（組成要素）である」（同上 p. 9）。また、「文節は更に意味を有する言語単位に分解する事ができる。即ち文節は語（単語）から成り立っている」（同上 p. 11）とし、単語を「文節」を経て間接的にしか文の構成要素とならない単位とした。そして、単語を名詞や動詞等の独立する第一種の語（詞）と独立しない第二種の語（辞）に分け、助詞や助動詞を第二種の付属語（辞）として扱った。従って、「雨が降る」という文は「雨が」、「降る」という二つの文節からなり、その構成要素として「雨」、「が」、「降る」という三つの単語が含まれていることになる。この橋本文法が伝統的な国文法研究において広く認められ学校文法にも採用された。また、影山太郎（1993；1995）に見られるように生成文法等の文法学においても格助詞や時制辞等の助動詞が統語的要素と見なされ、その意味で基本的に学校文法と同じ見地が採用されている。*3

　しかしこの単語観とは対照的に、奥田靖雄（1984）、斎藤倫明（1992）、鈴木重幸（1996）、森岡健二（1994）、村木新次郎（1996；2010）、仁田義雄（1997a, b；2000）等、助詞及び助動詞を単語以下の要素とする松下文法を基本的に支持する立場が近年見られる。例えば仁田義雄（1997b：34）は、奥田靖雄や鈴木重幸等の単語観を基本的に支持し、以下のように述べている。

　　単語は、構成材としての文の形成にあたって自立する最小の存在である。文形成にあたって自立することのない、いわゆる助詞や助動詞は、単語の構成要素である。文を構成する存在である単語は、<u>語彙-文法的な単位</u>である。単語が語彙―文法的な単位である、ということは、単語がある一定の語彙的意味を表すという語彙的な側面を有しているとともに、ある一定の文法的な意味や機能を担うという文法的な側面を有している、といったことを意味している。
　　　　　　　　　　　　　　　　　　　　　　　　（下線は筆者）

ここには自立することのない助詞や助動詞が単語の構成要素であって単語ではないことが述べられているが、根拠は「語彙-文法的な単位」という単語観にある。つまり、語彙的意味だけ担い文法的に無機能な単語は存在せず、「文法機能の表示者である、いわゆる

『助詞』や『助動詞』は、『単語』といった存在ではなく、『単語』の構成要素として働いている」（同上）ということなのである。村木新次郎（1996：21）も、「単語というものを、典型的には、固有の語彙的意味をもち、それがある文法的な形式（語形）をとり、文の部分となる性質をそなえた言語形式である」とし、「『たべ-た』『たべ-る』……における『-た』『-る』……、『パン-が』『パン-を』……における『-が』『-を』……のような形式は語彙的意味を欠き、それ自身文の部分になれないという点から単語としての性質をそなえていないことになる」と述べている。

　単語の「語彙-文法的な単位」という見地からは、助詞や助動詞の扱い以外に範疇間の成員を区別するとされる単語の語彙的側面と文法的側面との相互関係及び単語の独自性に関わる重要な帰結も引き出されている。例えば、鈴木重幸（1996：19-21；71）は両者の間に相互依存的関係があるとして、「品詞分類の直接の対象である単語は、<u>語彙＝文法的な単位</u>であり、単語における語彙的なものと文法的なものとは、内容と形式の関係で<u>相互に規定</u>しあっている。そもそも単語における文法的なものは、語彙的なものとの相互作用のなかで分化し、発達したものである」（下線は筆者）と述べている。奥田靖雄（1984）が、単語を語彙的なものと文法的なものとの統一と見なし、この二つの側面は単語において切り離すことができず有機的に結びついているとしているが、この立場と通じており、現在も基本的に受け入れられている（村上三寿2010他）。そしてこの見地から、単語は文があってこその存在であり、「文の文法的な構造からきりはなされたところには、単語ははじめから存在してはいない」（奥田靖雄1984：41）。「単語は構文的な構造の中に存在する。とすれば、単語が構文的な構造から自由であるはずがない」（同上 p.46）と帰結している。単語と文の二元性を主張する宮岡伯人（2002）とは対照的であるが、果たして論拠は何か。語類の解明のみならず言語研究の根幹に関わる重要な問題であるが、十分な議論がつくされている訳ではない。本書では日本語における語類体系を確立するが、提案が正しければ、第6章で議論するように単語の言語単位としての独自性が示唆される。

2. 単語の規定　音声的単位としての単語

　本書は単語を純粋に音声的に規定されるという観点から、「助詞」や「助動詞」を単語の構成要素と見なす。*4 つまり、伝統的な国文法の立場や生成文法等の一部の文法学の立場と異なり、「助詞」や「助動詞」は単語以下の存在であり、単語の内部にある単語に従属する要素であって、文の構造に直接的に関与する要素ではないということである。その意味で奥田靖雄（1984）、鈴木重幸（1996）、斎藤倫明（1992）、森岡健二（1994）、村木新次郎（1996；2010）、仁田義雄（1997a, b；2000）等の立場と同じである。但し、単語を「語彙＝文法的、あるいは語彙―文法的な単位」とは捉えない。確かに単語は意味を持ち、且つ文の構成要素となる言語の基本的単位である。しかし、「単語における語彙的なものと文法的なものとは、内容と形式の関係で相互に規定しあっている」（鈴木重幸 1996：71）とも「単語が構文的な構造から自由であるはずがない」（奥田靖雄 1984：46）とも考えない。上述のように文は単語なしには成立しないという意味で、単語は文構成に関わるが、そのことと個々の単語の持つ意味的特徴、即ち、実在世界との関わりとは第6章でも述べるように別問題だからであり、文の成分である前に独自に存在する言語単位だからである。

　このことを念頭に、以下、日本語における単語の認定法及び定義について議論する。

　単語を語彙＝文法的単位と見なし音声的単位とする見方に疑義を呈する奥田靖雄（1984：45）とは対照的に、Susan Schmerling（1983）は単語が純粋に音声的に規定される言語単位であることを主張している。音声的構造（phonological structure）は、柴谷方良・影山太郎・田守育啓（1981：11）も「言語構造の解明において音声および音韻体系の研究はもっとも基本的かつ不可欠なものである。このことは、世界の言語のすべてが音声を通してその言葉としての機能を果たしているという事実と表裏の関係にある」と述べているように、言語表現の本質である（Schmerling 1983：224）。そして、音素（phonemes）や音節（syllables）等の単位が定義づ

けられるのと同様に、「韻律的語」(prosodic words) という単位もまた音韻論上定義づけられる。つまり、韻律音韻論（prosodic phonology）において単語は primitive notion（原初的概念）ではないということである。本書も音声的に認定できる客観的単位としての音韻論的語が存在するという見地から、Yamahashi (1988) のように、有坂秀世 (1959) の主張する音声的単位としての「音韻論的語」を文構成上の基本単位としての単語と認定し、音韻論と文法論とを関連付ける。そして、以下に述べるように、日本語における単語を高い部分の一つ起こるピッチ単位と定義づける。

2.1　日本語のアクセントについて

　単語の音声的認定に当たり、最初に日本語のアクセントパターン（単に「アクセント」とも言う）について、現在一般に受け入れられている基本的概念について概観する。「日本語のアクセントはきわめて単純であり、方言によるアクセントの違いが甚だしいことと相俟って、日常の談話生活にはそれほど重要な働きをしていない」（国語学会編 1980：6）とされる。しかし、「単独に用いられる語について決まっている高さアクセントであることには変わりはない」（同上）し、「東京語が全国共通語にえらばれたため」「東京語のアクセントが事実上その［日本語共通語の］地位を占めている」（同上）とされている。金田一春彦・秋永一枝（2001）も同様の見方をしている。従って、以下、東京方言を代表例として述べる。

　既述のように日本語のアクセントは英語等の言語と異なり、強弱ではなく、高低の変化が関わっており、高低（あるいは「高さ」）アクセント（pitch accent）と一般に呼ばれている。例えば、（東京方言では）「雨」のアは高く言い、メは低く言う（ア￣メ）。（上線はその部分が高く発音されることを示し、何もない部分は低く発音されることを示す。）一方「飴」のアは低く言い、メを高く言う（アメ￣）。日本語のアクセントは、語の意味を区別する機能がある。「アメ」ということばがアクセントにより「雨」や「飴」という異なる意味を表わすことがその例である。アクセントは、「雨」の場合のように、高い部分（high pitch）に低く発音される低ピッチが

後続している起伏式と「飴」の場合のように低ピッチの後続していない平板式に二分される。また、どの語にも必ず高く発音される部分 (high pitch) がある。高く発音される部分は、「雨」（ア̄メ）の「ア」のように一音節（モーラ、拍）*5 からなる場合もあるし、「桜」（サク̄ラ）の「クラ」のように音節の連続からなる場合もある。但し、一語の中に第一アクセント（核）以外に二次的アクセント（核）を持つ英語等とは異なり、高い部分は一語にただ一つだけであり、離れた場所に別の高い部分が起こることはない。従って、「ス̄キヤ̄キ」のようなアクセントは不自然である。また、特に東京方言における日本語では、語の第一音節とそれに後続する第二音節の高さが常に異なる。つまり、当該の語の第一音節が高ければ第二音節は低く、第一音節が低ければ第二音節は高い。「雨」（ア̄メ）は前者の例であり、「飴」（アメ̄）は後者の例である。

　以上が標準語とされる東京方言を中心とした日本語のアクセントの特徴であるが、有坂秀世 (1959) は音韻*6（「音素」）の機能として音韻論的語が存在し、それが客観的に確認できるアクセントの単位であることを指摘している。

2.2　音韻論的語の存在

　有坂秀世 (1959) によると、音韻は「言語の意義の相違を区別して表わすため」(p. 36) に存在している。そして、「音韻の機能は、之を直接的機能と間接的機能に分かち、又その各を H. Frei [1929]*7 の所謂記憶的関係 (rapports memoriels) と話線的関係 (rapports discursifs) との両方面から考察することが出来る」(P. 96) としている。「話線的関係に於ける音韻の直接的機能とは、音韻が相結合して音節を作り音韻論的完結体を作る働きである。」(同上 p. 97)。「音韻論的完結体とは、或る一言語に属する音韻の一連続（或いは音節の一連続と言ってもよい）であって、その前後に息の切れ目を置いて発音し得るものを言う」(同上 p. 111)。また、話線的関係に於ける間接的機能については以下のように述べている。

　　話線的関係に於ける音韻の間接的機能とは、音韻が相結合して<u>語 (Wort) や形態部 (Morphem) を作る</u>働きである。之を音

韻の統成的機能と称する。この統成的機能は、音韻の直接的機能に於ける単なる構成的機能とは、趣を異にする。即ち、単なる構成的機能の方は、純粋な音的関係の問題である。之に反して、統成的機能の方は、更に高い目的(意義の表現)に対する手段として、各音韻が相協力して、一の統一体を結成する働きである。
(同上 p. 116、下線は筆者)

つまり、音韻は基本的に語の意味の区別のために存在しており、音韻の直接的機能として息の切れ目で示される音韻論的完結体が作られ、間接的機能(即ち、統成的機能)として意味を表わす語や形態部が作られ、従って音韻論的語は存在するということである。ヴァンドリエス (Joseph Vendryes 1921) の研究*8においても音韻論的単位としての語、即ち音韻論的語 (mot phonetique) の実在が立証されており、「語は、決して諸音韻の単なる並列ではなく、それ自体纏まった単一な対象として意識されるものである」(有坂秀世 1959:117)。更に、有坂秀世は「日本語に於ける『音韻論的語』は、普通に言う所の語よりは、寧ろ文節である。即ち、助詞や助動詞は、独立した『音韻論的語』としての資格を持たない」(同上)と指摘している。ここにおける「文節」とは橋本文法における「文構成の最小単位」としての「文節」を指すとし、橋本進吉(『国語学概論』1946：22-23)から以下の文を引用している。

一つの文は、実際の言語に於ては、いつでも最初から最後まで一つづきに発音して、その中間に切れ目をつけないものもある。「いいえ。」「さうです。」などはさうである。……しかし、多くの文に於ては、中間で切る事が出来るものがある。前に挙げた「ケサアサガホガサキマシタ」の如きはその一例である。その切り方にはいろいろあるが、出来る限り多くの区切りをつけて、細かく切ると、右の例では「ケサ|アサガホガ|サキマシタ」の三つとなって、これ以上に区切る事は出来ない。(「アサガホ|ガ」「サキ|マシ|タ」といふやうに区切って発音する事は、実際の言語には無い。)かやうな一区切りは、実に文を構成する最小単位であって、何時でも或るきまった意味をもち、きまった動かない形を具えている。　……かやうな単位は之を句と

呼ぶもの……また、詞とよぶもの……などあるが、私は仮に之を「文節」と呼んでいる。この単位（文節）は、一つの単語であることがあり、単語に助動詞や助詞をつけたものであることもある。

(一部略。漢字は現代表記法に変更。)

既述のように、そして上記の引用からも明らかなように、橋本文法における「文節」は助詞や助動詞を含むものであり、それ以上区切ることのできない文構成上の最小の単位であるが、この単位を有坂秀世は音韻論的語と見なしている。そして、意味を表わす「語」を作るという音韻の統成的機能を考える際のアクセントの役割について、以下のように述べている。

凡そアクセントの努める統成的機能には二種ある。その第一は、語の切れ目を標示する働きである……その第二は、語形の自己統一を明らかにする働きである……例えば、現代の東京アクセントでは、文節を構成する各音節は、皆高低二つの水準の何れかに定位されている。但し、そこには二つの制限がある。まづ、高さの頂点は、一文節［つまり、一語］の中に唯一つしか存在し得ない。*9 之によって、自己統一が示される。又、文節の第一音節と第二音節とは、決して高さの同一水準に定位されることが無い。これによって、文節［語］の発端が特徴付けられる。

(有坂秀世 1959：118-119)

つまり、アクセントは語という単位について決まっているものであり、その機能により語の切れ目が示され、高い部分が一つだけ存在することで語（文節）の自己統一が示されている。また、東京方言では第一音節と第二音節が異なることで、語のはじまりが示されている。従って、音韻論的語というものの存在がアクセントの定まっている単位として客観的に確認できるということである。アクセントの機能に対する有坂秀世のこの見解は 2.1 節で紹介したように、現在も基本的に受け入れられている。以上を基に本書は Sachiko Yamahashi（1988）にあるように、日本語におけるこの音韻論的語を文法上の基本的な言語単位としての単語と認定し、単語を一つの高い部分 'high pitch' の起こるピッチ単位 'pitch unit' と定義付ける。

2.3 単語の音声的規定による帰結
「助詞」と「助動詞」に関して

音韻論的語を文法論上の言語単語として認定することにより、以下のような帰結が引き出される。

単独に用いられることのない断定を表わす「-だ」、受身を表わす「-られ」、使役を表わす「-させ」、時制を表わす「-る（非過去）／-た（過去）」、推量の「-らしい」等いわゆる「助動詞」や、主格を表わす「-が」や与格を表わす「-に」等いわゆる「助詞」は、伝統的な国文法研究や生成文法理論における研究等の見方とは対照的に、全て単語以下の存在、つまり、単語の構成要素であって文の構成要素ではないことが帰結される。従って、「花子-が」も「花子-に」も、そして、「花子-だ」もそれぞれ一単語として捉えられる。同様に、「笑っ-た」、「笑わ-れる」、［笑わ-せる］も、更に、「笑った-ので」、「笑った-のに」も一単語である。「面白-い」、「面白-かった」もそれぞれ一単語として捉えられることになる。上述の有坂秀世（1959：117）の指摘にあるように、助詞や助動詞は音韻論的語としての資格を持たないからである。実際、下記に示されているように、時制のマーカーの前では、音の途切れ（pause）を置いて発音することが不可能、あるいは、不自然である。

(1) 笑っ-<u>た</u>　　'warat-<u>ta</u>'　　*'warat-(pause)-ta'
(2) 面白-<u>かった</u>　'omosiro-<u>katta</u>'　*'omosiro-(pause)-katta'
(3) 面白-<u>い</u>　　'omosiro-<u>i</u>'　　*'omosiro-(pause)-i'

(1)における過去を表わす「-た」、(2)における「-かった」、(3)における非過去を表わす「-い」の前で、音の切れ目'pause'をおくことは不可能、あるいは、非常に不自然である。また、「笑った」から「-た」を除いた「笑っ」も単語ではない。有坂秀世によると、「笑った」の音韻全体が相協力して、一つの統一体、即ち音韻論的完結体を成し、単語が形成されている。「面白-かった」、「面白-い」も同じで、「面白」と「-かった」、そして「面白」と「-い」がそれぞれ相協力し全体として単語が形成されているのである。助詞にも同様のことが言える。

(4) 花子-が　　　'hanako-ga'　* hanako-(pause)-ga
(5) 花子-に（会う）'hanako-ni'　*'hanako-(pause)-ni'

(4)における主格を表す助詞「-が」、(5)の与格を表わす助詞「-に」の前で、音の切れ目（pause）を自然な会話では置かない。*10 従って、「花子-が」や「花子-に」における「-が」や「-に」は単語の構成要素であり、またこれらの助詞を除いた上記の「花子」も単語ではなく、単語の構成要素である。下記の(6)には、自由形態素に必ずしも高く発音される部分 'high pitch' が起こるとは限らず、起こらない場合には、後続の拘束形態素に起こることが示されている。

(6) 日：日-が；日-から

(金田一春彦監修・秋永一枝編 2001 付録 p. 72)

(6)では、「日」には 'high pitch' が起こらず、このような場合、助詞の「-が」や「-から」が高くなり、「日-が」や「日-から」で一つのまとまった「音韻論的語」となることが示されている。「胃-が」や「蚊-が」等も同様である。

　助詞の「-が」に関しては、それが音韻論的語ではないことが他の現象によっても明らかである。有坂秀世（1959：117）によると、「音韻が相結合して語（日本語ならば文節）を作るに際し、各音韻が努める役割は一様でない。例えば、東京の言語に於いて、《g》は原則としては文節の頭にのみ立ち、《ŋ》は文節の頭ならざる位置にのみ立つ。然るに、助詞「が」が《ŋa》の形であることは、それが、独立の「音韻論的語」をなしていないことを示すものである」。例えば、「我」の意味を持つ 'ga' は鼻音化することはないが、「学校-が」等における助詞の「-が」'-ga' は鼻音化することがあり、従って音韻論的語としての資格がないということである。Emmon Bach（1983：71）も音韻論的観点から、日本語の格助詞は名詞に付いた接尾辞（suffix）であることを指摘している。

　次に、山田孝雄（1922）等が他の助動詞と区別して単語と見なしている断定の「-だ」であるが、金田一春彦・秋永一枝（2001：482）によると、アクセントパターンは以下の三種類ある。

(7) ① ……ダ；　② ……ダ；　③ ……ダ

第4章　単語とは　　63

これらのアクセントパターンは、下記に示されているように前に来る要素次第で変わる。

(8) a. ①トリダ 鳥〜； ②ハナ|ダ 花〜； ③ア|メダ 雨〜　　　　　　　　　　　　　　　　　　　　　　（同上 p.482）

b. ①ヒダ（日）　　　　　　　　　　　（同上付録 p.83）

(8a) ①の例では、前部の「トリ」が平板式で「-ダ」も高く発音される。(8b) ①の例も同じである。(8a) ②の例では、前部の「ハナ」が起伏式の語で「-ダ」の直前が低く発音される。③の例では「-ダ」の前部の「アメ」の「メ」から低く発音される。つまり、有坂秀世の指摘のように、自立することのない「-だ」自体には固有のアクセントパターンがなく、音韻論的語としての資格が無いということなのである。*11「-だ」の場合と同様のことが、いわゆる接続助詞「-のに」や「-ので」にも言える。下記の (9) には、前部の語次第でアクセントパターンが変わることが示されている。

(9) ……|ノデ； ……ノデ

ナク|ノデ 泣く〜； ヨ|ムノデ 読む〜　　（同上 p.653）

(10) ……|ノニ； ……ノニ

ナク|ノニ 泣く〜； ヨ|ムノニ 読む〜　　　　（同上）

一般にはこれらの接続助詞は節に接続すると見なされている。確かに意味解釈上は、そうである。例えば、「子供が泣く<u>ので</u>、もう失礼します」の「-ので」は「子供が泣く」という節全体に接続し、「私は本をよく読む<u>のに</u>、子供は全く読まない」の「-のに」は「私は本をよく読む」という節に接続している。しかし、音韻論的観点からは上に示されているように「-ので」や「-のに」も他の助詞同様に単語の構成要素であり、それぞれ、「泣く」に結合して「泣く-ので」、「読む」に結合して「読む-のに」という単語を構成しているのである。従って、節全体に係っているとする意味解釈上の関係とは一致しないということである。このような現象は、金水敏 (1997：150–151) も述べているように語の形態的構造と文の意味解釈上の構造とがともに必要な構造であり、異なるシステムの問題として扱うべきであることを示している。

以上、日本語における単語は高いピッチの一つ起こる単位として音声的に規定されること、そして、単独に用いられることのない助詞や助動詞は音韻論的語としての資格がなく、従って単語ではなく単語以下の単語の構成要素であることを述べた。このことを踏まえ、第5章では日本語の語類について議論する。

*1　但し、「-だ／-です」は単語として扱われている（『日本文法講義』1922参照）。
*2　以下は原文である。
　　A free form which consists entirely of two or more lesser free forms,…is a *phrase*. A free form which is not a phrase, is a *word*. A word, then, is a free form which does not consist entirely of (two or more) lesser free form in brief, a word is a *minimum free form*.
　　　　　　　　　　　　　　　　　　　　（Leonard Bloomfield 1935：178）
*3　エスキモー語との対照という観点から日本語における「語」を論じている宮岡伯人（2002）も（格助詞、副助詞、終助詞等）助詞の多くを一語としている。但し、助動詞に関しては山田孝雄の立場と同様に、「だ」、「です」等を除き基本的に語とは認めていない。
*4　本章の2節はSachiko Yamahashi（1988）の内容を敷衍したものである。
*5　撥音、促音、長音等の存在や発音に要する時間等日本語には音声的に特異な点があり、「音節」より小さく「音素」より大きな単位で、時間的な長さまたはリズムに主眼を置いた単位としての「拍」あるいは「モーラ」が音韻論上の説明に便利である（犬飼隆 1997：339）。従って、「モーラ」（崔絢喆 2003他）や、「拍」（金田一春彦監修・秋永一枝編 2001、上野善道 2002他）がしばしば用いられている。しかしモーラや拍は、母語話者には音節と意識されることから音韻論的音節とも見なされる（犬飼隆　同上）。実際、有坂秀世（1959）では音韻論的音節という意味で「音節」を用いているので（pp. 106–107参照）、本書もこれに従う。但し、いずれの術語を用いても本書の目的には直接影響しない。
*6　音韻（Phonem）という術語は学者により用いられ方が必ずしも同じではないが、有坂秀世（1959）では、現実の音声とは区別された言語の意義、「主として知的意義の相違を区別して表わす」（p. 35）のに役立ついわゆる「音素」の意味に用いている。例えば、《b》や《p》等の音韻がある。
*7　H. Frei: La grammaire does fautes, 1929, p. 33、訳語は小林英夫氏に従う（有坂秀世 1959：114 より）
*8　J. Vendryes: Le language, introduction linguistique a l'historie, 1921, pp. 66–70（有坂秀世 p. 125 より）。なお本書は *J. Vendryes: Language, a Linguistic*

Introduction to History, transltated by Paul Radin（1925：56–58）、及び、藤岡勝二訳、ヴァンドリエス著『言語学概論―言語研究と歴史』（1938：82–86）を参照した。

＊9　例えば、ハ￤シ￤ガ（箸が）、ハシ￤ガ（橋が）、ハシガ（端が）という型が存在し得るが、￣ハシガという型は存在し得ない（有坂秀世1959：126より）。

＊10　但し、服部四郎（1960；1968）は、「『話は』『話を』など或いは一般に名詞などと助詞よりなる文節は助詞の前にしばしば音のとぎれが生ずる」（1960：428）とし、いわゆる「は、を、より、まで」等「助詞」の多くを「単語」と見なしている。しかし、普通の会話における標準語としての東京方言を基にした議論ではない。服部四郎の指摘する「とぎれ」は、話者の意識や意図などの問題で、その瞬間における一時的態度として変わりうる。実際、「田中さん」の「-さん」や「私たち」の「-たち」のようないわゆる派生語の構成要素でさえも意識的な「とぎれ」は起こり得る。また、「より」、「まで」等の助詞に固有のアクセントがあるということの根拠も、三重県亀山町の方言で強められた場合の例（p. 429）であり、話者のその場における一時的な感情や意識が強く関わっている。本書では、このような特殊なケースは除く。

＊11　定延利之（2003：135）は、自立性を基準に単語を規定できないとする宮岡伯人（2002）の単語観を支持し、「-だろう」は下降調の場合は非自立的であるが、上昇調の場合は自立的であるとする。しかし、「やはりあなたの言ったとおりでした」等何らかの先行する文がある時にのみ上昇調の「そう-だろう」が可能であり、また前部の「そう」が省略され「-だろう」が単独に用いられ得る。換言すると、実質的意味概念を有する「花」等とは異なり、「-だろう」のみが突然単独で用いられるのは不自然だということである。従って、上昇調の「-だろう」も非自立的要素の一種と言える。実際、「-だろう」には以下に示されているように固有のアクセントパターンがなく前部に来る要素次第で変わる。

　　①　……ダロ￤─　　（例　ウシダロ￤─）
　　②　……￤ダロー　　（例　ヤマ￤ダロー）
　　③　……ダロー　　　（例　ココ￤ロダロー）

（金田一春彦・秋永一枝2001付録 p. 83）

第5章
日本語（和語）の語類
形式上の分類

　第4章では単語を高い部分（high pitch）の一つ起こるピッチ単位と規定し、助詞や助動詞が単語の構成要素であることを明らかにした。これを踏まえ、本題の日本語（厳密には和語）における語類について議論する。既述のように本書が前提としている重要なことは、有意味の語彙要素は意味上分類され、且つ、形式上の分類と相関関係があるということである。意味は直感に頼らざるを得ず主観的にならざるを得ないが、形式は客観的な分析が可能である。本章では語の形式上の分類を試みる。*1

1. 語の分類原理

　まず最初に、本書の語類体系を秩序立てている語の分類原理について述べる。

　最初に分類基準であるが、語には音韻論的、形態論的、意味論的、統語論的側面がある。古代ギリシャ語における「オノマ」が「実体」を指示し、「レーマ」が「属性」を指示する古典的品詞論は哲学的であり、意味論的であるとしばしば言われる。しかし、第2章で述べたように、『範疇論』及び『命題論』に示されているアリストテレスの見解は、元々プラトンの指摘した言表、即ち命題文中における主語的表現としてのオノマと述語的表現としてのレーマとの区別を基にしたものである。換言すると、命題文中の機能に基づいて第一義的になされた語の区別に、実体と属性という存在論上の範疇、つまり、意味論的区分を対応させたものであって、語はまずもって文中の機能に基づいて区別されている。そして、オノマとレーマは言語普遍的区別として世界中の言語に受け入れられ、品詞論はこの二区分との関係を中心に展開されてきた（第2章3節参照）。

日本語の研究においても同じである。伝統的な国文法研究においても、また、現代の文法学や言語学においても、生成文法等の特定の理論を前提としているか否かに拘わらず、日本語とは異なる世界の諸言語に受け入れられたオノマとレーマに由来する名詞と動詞の区別が常に品詞論の基底にある。かくして文中における単語の機能（統語論的機能）が語類の第一義的基準とされ、形態論的特徴が対応しているという見方が主流であり、意味は語類の基準にならないというのが一般的である。

　しかし、本書では語彙要素は意味上分類されると考える一方で、統語論的考察は語類の議論に当たらないとする。その意味で文というものを前提とせず、伝統の「名詞」（オノマ）と「動詞」（レーマ）の二区分も前提としない。第2章4節で述べたように、また第6章でも論証するように、文の成分となる前の個々の語と、それらが思考言明としての文構成において話者によってどのように用いられるかということとは全く別のことであり、文中の機能からは単語自体の持つ特徴は予測できないからである。分類対象もこの見地に立つと自ずと制限される。第1章2.2節で紹介したように、文中に現に現われている語（形）や、文中の機能を想定した抽象的な単位としての「単語」（「語彙素」*2）は語類の分析対象にはならない。本書では語の土台となる語彙的意味を有する要素「語基」が語の範疇を決定するという見地から、語基を分類対象とし、閉じたクラスの要素である主格を表わす「接尾辞」と時制を表わす「接尾辞」を分類基準とする。用語の定義や根拠など全て次節の2節で述べるが、Susan Steele（1988）が言語普遍的と主張する語彙要素の分類原理を適用している。

● Susan Steele による語の分類原理

　Susan Steele（1988）は"Lexical categories and the Luiseño absolutive: Another perspective on the universality of 'noun' and 'verb'"において、南カリフォルニア州の Luiseño 語では接辞 absolutives*3 が、名詞（=非動詞）を動詞と区別するという Alfred Kroeber and George Grace（1960）に見られる通説に疑義

を呈し、以下のように主張している。

> Luiseño 語の語彙的意味を有する要素 base（語基）は、接頭辞 possessive＊4 と接尾辞 absolutives を基に四つの主要な類に区分される。absolutive と結合できるが possessive とは結合できない類、absolutive とは結合できないが possessive とは結合できる類、absolutive 及び possessive の両接辞と結合できる（但し、共起しない）類、いずれの接辞とも結合できない（従って、時制／アスペクトと結合できる）類である。
>
> （筆者訳）＊5

そして、この形式上の各区分は意味的に一貫している（pp.19–24 参照）。下記の（1）は各類に属する成員の指示対象とその例を挙げたものである。(「＋」は結合できることを示し、「－」は結合できないことを示す。)

(1) Luiseño 語の語類と成員の指示対象＊6

① ［＋Absolutive，－Possessive］類
自然界に自然に存在するもの（例：「熊」、「少年」、「女性」、「太陽」等）

② ［－Absolutive，＋Possessive］類
ある体系の一部のもの（例：「手」、「膝」、「父」、「母」、「息子」等）

③ ［＋Absolutive，＋Possessive］類
人工物あるいは人間が持てる自然界のもの（例：「毛布」、「石」、「矢」等）

④ ［－Absolutive，－Possessive］類
行為あるいは状態（例：「歌う」、「登る」、「赤い」、「美しい」等）

Susan Steele の語類体系は数学的論理関係を語自体に備わっている形態論的事実に適用したものであり、形式と意味の間に高度に体系化した対応関係があることを示した独創的なものである。注目すべきは、absolutive を基準として「行為や状態」を指示する語彙要素と「もの」を指示する語彙要素とに形式上単純に二分割できないという点である。つまり、行為や状態を指示する語彙要素 base は、

［−Absolutive, −Possessive］類に属するが、ものを指示する語彙要素の所属する類には absolutive と結合しない［−Absolutive, ＋Possessive］の類もあり、更に、absolutive と結合性があっても possesive との結合性において対立する［＋Absolutive, −Possessive］と［＋Absolutive, ＋Possessive］の二類があって、形式上最初から三つの類に区分されているのである。そして上記の (1) に示されているようにこれらの三類はそれぞれ、ある体系の一部のもの、自然界に自然に存在するもの、人工物あるいは人間が持てる自然界のものというように意味的に一貫しており、行為や状態を指示する類と同じレベルで同等に並んでいる。換言すると、語彙要素は意味的に一貫している四つの主要なグループにまずもって分けられており、「行為や状態」対「もの」という単純な二分割に対応しているわけではないということである。Luiseño 語の分析結果を基に Susan Steele は、第 1 章 3.1 節でも紹介したように、語彙要素の分類基準は Luiseño 語の absolutive と possessive の場合のように、その言語の閉じたクラスの要素（closed-class elements）の一部が機能し得ること、そして、範疇自体は言語毎に異なるが、分類基準は異ならない（即ち、言語普遍的である）ことを主張している。

2. 分類対象の解明　単語の構成要素

　本書は Susan Steele（1988）による分類原理を日本語（厳密には和語）に適用、語の範疇を決めるのは語の中核となる形態「語基」（base）であり、単語の構成要素で語基と結合性のある閉じたクラスの要素の一部が分類基準となると考える。以下、単語の構成要素を解明することから始める。
　単語は文を構成する言語の基本単位であるが、単語自体はより小さな言語単位「形態素」（morpheme）——厳密には単語を分割して得られるのは「形態素」の顕現体・見現形である「形態」（morph）——から構成されている。次の文を見てみよう。
　（2）医者-が　カルテ-を　見-た
この文には、「医者-が」、「カルテ-を」、「見-た」という三つの単語

が含まれている。「医者」、「カルテ」、「見-」は、それ自体実質的意味概念を有し、実在世界に指示対象を持つが、「-が」、「-を」、「-た」はそうではない。従って、「医者」のような前者のタイプと「-が」のような後者のタイプは異なるタイプの要素として区別される。前者を「語基」(base)（Yamahashi 1988 では 'Proto Root'）と呼び、*7 後者を「接尾辞」(Suffix)（Yamahashi 1988 では 'Suffix'）と呼ぶ。単語の構成要素には、これらとは異なるもう一つのタイプがある。例えば、

(3) お-医者-さん-が　カルテ-を　見-た

における「お-医者-さん」には、「医者」の他に、丁寧を表わす形態「お-」及び「-さん」が付加している。これらはそれ自体意味を持たないが、語基である「医者」の前後に付き、丁寧な意味を表わす「お-医者-さん」という語を派生している。「お-医者-さん」も「医者」同様「語基」(base)であるが、「医者」が単一形態からなる「単純語基」であるのに対し、「お-医者-さん」は複数の形態からなる複雑な語基としての「派生語基」である。「お-」や「-さん」のように単純語基を複雑な「派生語基」に変える要素を「派生辞」(Affix)（Yamahashi 1988 では 'Affix'）と呼ぶことにする。

以上、単語は「語基」(base)、「接尾辞」(Suffix)、「派生辞」(Affix)という三つの異なるタイプの要素から構成されていることを見た。以下、これらの構成要素の規定を試みる。

2.1 「接尾辞」(Suffix)

議論の便宜上、「接尾辞」(Suffix) から始める。接尾辞は既に述べたように、それ自体単独には意味を有せず、様々の「語基」に付加して初めて意味機能を表わす。例えば、

(4) 皿-が　割れ-た

(5) 水-が　こぼれ-た

には、接尾辞「-が」が、(4) では語基「皿」と結合し、(5) では語基「水」と結合し、それぞれの語基が主語であることが示されている。同様に、接尾辞「-た」は (4) では語基「割れ-」に結合し、(5) では語基「こぼれ-」に結合し、それぞれの語基の表わす事態

が過去であることが示されている。これらは、種々の語基と共に用いられ繰り返し現れる。数も限られており、基本的に今後追加されることのないいわゆる closed-class elements（「閉じたクラスの要素」、あるいは「閉鎖的語類」）である。但し、上記の「-が」、「-を」、「-た」が「接尾辞」の全てではない。学校文法や伝統的な国文法研究における助詞、断定や時制を表わす助動詞が含まれる。また、「楽し-い」の「-い」や「忘れ-る」の「-る」等、伝統的に「語尾」（の一部）とされているものも「接尾辞」の成員である。下記の（6）は、日本語における接尾辞の構成員を挙げたものである。（なお、ここでは便宜上、慣例的に用いられている用語「助詞」や「助動詞」を基本的に用いる。）*8

（6）「接尾辞」（Suffix）
　　　格助詞：-が、-を、-に
　　　時・位置助詞：-から、-まで、-より、-へ、-で、-に
　　　副助詞：-だけ、-ばかり、-まで、-くらい／-ぐらい、-ほど、-など、-のみ
　　　係助詞：-は、-さえ、-しか、-も、-でも、-こそ
　　　接続助詞：-けれど、-が、-し、-ので、-と、-のに
　　　修飾助詞：-の、-な
　　　準体助詞：-の
　　　並立助詞：-と、-や、-やら、-に、-とか、-なり、-だの、-か
　　　終助詞：-よ、-ね、-か、-さ
　　　断定の助動詞（繋辞）：-だ（非過去）、-だった（過去）
　　　時制のマーカー：-る／-た、-い／-かった*9

ここには、「-よ」、「-ね」、「-か」等の終助詞や断定の「-だ」のように話者の心的態度を表わすいわゆるモダリティの領域に位置づけられる要素、主格を表わす「-が」や時制のマーカー等は命題の領域に位置づけられる要素などが混在するが、前述のようにこれらの数は極限られており、closed-class elements（閉じたクラスの要素）である。従って、多少の変動はあるかもしれないが、基本的にこれが日本語における接尾辞（Suffix）の全てと言える。これを基に接

尾辞を以下のように定義する。
(7) 「接尾辞」(Suffix)
格助詞、時・位置助詞、副助詞、係助詞、接続助詞、修飾助詞、準体助詞、並立助詞、終助詞、断定の助動詞（繋辞）、時制マーカー等のメンバーを指す。

以下は各「接尾辞」の用例を示したものである。
(8) a. ケーキ-は　　太郎-が　　食べ-た　-ので　　な-い
　　　　　-係助詞　　　-格助詞　　-時制-接続助詞　-時制
　　b. 札幌-で　　-は　　花子-の　　-が　　一番-さ
　　　　　-位置助詞 – 係助　　-準体助詞-格助　　-終助詞
　　c. 子供-と　　女性-の　　服-だけ　　売れ-た
　　　　　-並立助詞　　-修飾助詞 -副助詞　　-時制
　　d. 真面目-な　　　学生-だ
　　　　　-修飾助詞　　　-断定

2.2 「語基」(base)

「語基」(base) は、いわゆる open-class elements（「開いたクラスの要素」、あるいは「開放的語類」）で、数も非常に多く必要なら基本的に今後も追加される可能性がある。どの語基も実質的意味概念を有し、実在世界に固有の指示対象を有する音素レベルにおける最小の不変化部分の形態である。そして、これらは語の中核となり土台となる要素で、「接尾辞」(Suffix) と結びついて単語が構成される。例えば、上記の (8a) 及び (8c) の文には四つの単語、(8b) には三つの単語、(8d) には二つの単語が含まれている。以下は例 (8a) ～ (8d) に含まれている単語をそれぞれ記したものである。

(9) a. ケーキ-は　　…………　X-係助詞
　　　太郎-が　　　…………　X-格助詞
　　　食べ-た-ので　…………　X-時制-接続助詞
　　　な-い　　　　…………　X-時制
　　b. 札幌-で-は　　…………　X-位置助詞-係助詞
　　　花子-の-が　　…………　X-準体助詞-格助詞

	一番-さ	…………	X-終助詞
c.	子供-と	…………	X-並立助詞
	女性-の	…………	X-修飾助詞
	服-だけ	…………	X-副助詞
	売れ-る	…………	X-時制
d.	真面目-な	…………	X-修飾助詞
	学生-だ	…………	X-断定

上記の X を「語基」とすると、語基は（7）に挙げたいずれかの接尾辞と結合することが分かる。これを基に、語基を以下のように定義する。*10

(10)「語基」(base)

「接尾辞」と結合の可能性を有し、音素レベルで抽出される最小の不変化部分の実質的意味概念を有する要素。但し、それ自体は「接尾辞」を含まない。

(10) の定義において重要なことは、全ての語基がいずれかの接尾辞と結合の可能性を有しているということであり、接尾辞と結合しているという意味ではないということである。従って、単独に用いられる「今日」は接尾辞を有していないが、下記の (11) に示されているように接尾辞「-も」と結合できるので、語基である。

(11) 今日-も　図書館-へ　行く-よ

また、上記の「行く-よ」'ik-u-yo' の「行く」'ik-u' は接尾辞「-よ」と結合しているが、語基ではない。「行く」は「行け」'ik-e' のように活用し、従って「行く」の実質的意味概念を有する最小の不変化部分の要素は 'ik-' であり、これが語基である。つまり、語基は接尾辞と結合可能な形態であるが、それ自体は接尾辞を含まないことが条件である。従って、(8a) の「食べ-た-ので」の「食べ-た」や (8b) の「札幌-で-は」の「札幌-で」も語基ではなく、それぞれ「食べ-」、「札幌」が語基である。語基はこのように、接尾辞との結合性において形式上規定されるが、どの接尾辞と結合できるかは語基により異なる。例えば、「寝-」や「分け-」等の語基は、時制を表す接尾辞「-る／-た」と結合できる（寝-る／寝-た）。「花」や「鳥」等の語基は「-る／-た」と結合できない（*花-る／

*花-た、*鳥-る／*鳥-た）が、「-が」や「-も」等の接尾辞と結合できる（花-が／花-も、鳥-が／鳥-も）。この語基の接尾辞との結合性が語基分類に重要な鍵を握っており、下記の3節で議論する。

2.3 「派生辞」（Affix）

前節の2.1節及び2.2節で、二種類の単語の構成要素、「接尾辞」（Suffix）と「語基」（base）について述べた。ここでは、第三番目の構成要素「派生辞」（Affix）について明らかにする。前述した下記の例を見てみよう。

(12) 医者-が　カルテ-を　見-た
(13) お-医者-さん-が　カルテ-を　見-た

上記の（12）の「医者-が」は、語基「医者」と接尾辞「-が」から構成されている。一方、(13) の「お-医者-さん-が」は、語基「医者」と接尾辞「-が」の他に、派生辞（Affix）「お-」と「-さん」を含む。派生辞はそれ自体意味を有しないが、単純語基に付いて、なんらかの意味を新たに加え複雑な語基「派生語基」を構築する。従って、「お-医者-さん」は「医者」に丁寧さが加わった派生語基である。派生辞は、「お-医者-さん」の「お-」のように、語基の前部に付く接頭派生辞、「-さん」のように、語基の後部に付く接尾派生辞に分類されるが、「き-（娘）」のように純粋さを表わしたり、「うす-（明かり）」のように度合いの少なさを表わすものもあれば、「(君) -達」のように複数を表わしたり、「(休み) -がち」のように傾向を表わすものの他、「食べ-させ-られ-た」の「-させ」のように使役や、「-られ」のように受身等の文法的意味を表わす通称「助動詞」も含まれる。また、丁寧を表わす「お-」、ののしったりする時の「-め」（あいつ-め）等モダリティーの要素も多く含まれる。しかし全体としての数は接尾辞よりは多いが、語基程多くはなく、やはり closed-class elements（閉じたクラスの要素、あるいは閉鎖的語類）である。従って、数には限りがあり、基本的に今後追加されることはない。下記の（14）は派生辞の成員の例を具体的用例と共に示したものである。（平仮名では厳密には表示できないもの等、必要に応じてローマ字で記す。)

(14)「派生辞」(Affix)

〈接頭派生辞〉

お-（お-花）、ま-（ま-新しい）、まん-（まん-中）、ほろ-（ほろ-苦い）、け-（け-だるい）、か-（か-弱い）、むず-（むず-痒い）、き-（生-真面目）、ど-（ど-ぎつい）、うす-（うす-明かり）、ぶち-（ぶち-壊す）、こ-（こ-うるさい）、うら-（うら-悲しい）、もの-（もの-静か）、ぶん-（ぶん-殴る）、ど-（ど-根性）、……

〈接尾派生辞〉

-さん（鈴木-さん）、-さま（高橋-さま）、-たち（君-たち）、-ら（彼-ら）、-ども（私-ども）、-め（あいつ-め）、-さ（甘-さ）、-み（甘-み）、-がち（休み-がち）、-げ（寂し-げ）、-け（嫌-け）、-やか（華-やか）、-め（く）（春-mek-)、-そう（楽し-そう）、-が（る）（ほし-gar-)、-ま（る）（静-mar-)、-ぶ（る）（姉-bur-)、-ぐ（む）（涙-gum-)、-ば（む）（汗-bam-)、-がまし（い）（おしつけ-gamasi-)、-にく（い）（見-niku)、-やす（い）（読み-yasu-)、-た（い）（行き-ta-)、-ながら（食べ-ながら）、-つつ（覚え-つつ）、-ます（助け-mas-)、-させ（食べ-させ)、-られ（受身）（食べ-られ）*11、-な（い）（分から-na-)、……

以上を基に「派生辞」(Affix) を、丁寧さ、複数、程度、傾向、受身、使役等何らかの新たな意味を単一語基に加え複雑な語基を派生する要素と規定する。

3. 分類基準の解明　語基との関係における接尾辞の分布

　上に単語（語）の構成要素「語基」、「接尾辞」、「派生辞」について規定した。これを基に、本節では「語基」との関係における「接尾辞」の分布について分析し、分類基準を明らかにする。

　既述のように語の範疇を決めるのは「語基」であるが、語基は本章2.2節で規定したように、接尾辞と結合の可能性を持つ、音素の

単位で抽出される最小の不変化部分の形態である。語基の特徴として重要なことは実在世界に指示対象を有し、実質的意味概念を有する語彙要素だということである。それ故に語基は意味上分類される。そして、意味上の分類は形式上の分類と相関している。つまり、語基の意味上の分類から形式上の特徴を予測することが可能であり、その逆もまた可能だということである。形式上の分類は語基の持つ形態論的特徴、具体的には主格を表わす接尾辞「-が」と時制を表わす接尾辞「-る（非過去）／-た（過去）」あるいは「-い（非過去）／-かった（過去）」との結合性に基づく。先述したように語基と接尾辞との間には結合上の制約があるが、これらの両接尾辞には、以下に議論するように語基との結合性において他の接尾辞と異なる分布上の特性があるからである。なお、分類対象となる「語基」は、真偽の関わる命題文の構成要素となるものに制限され、更に、イェスペルセン（Otto Jespersen 1924：47）に紹介されているスチュワート・ミル（John Stuart Mill）の指摘——語の分類は単に言葉における区別であるのみならず、思考上の区別である（第1章3.2節参照）——を基に、日本語に固有の和語の単純語基に限定する。*12（従って、上述した複雑語基を構成する「派生辞」はここでは分析の対象にはならない。）考察対象に予めこのように厳密な境界を設けることが、語類体系の秩序解明には極めて重要であることを指摘し、議論に入る。

　接尾辞には 2.2 節で述べたように、格助詞、時・位置助詞、副助詞、係助詞、接続助詞、修飾助詞、準体助詞、並立助詞、終助詞、断定の助動詞（繋辞）、時制マーカーの十一種類ある。これらは語基との結合性において、最初に三つのタイプに分けることができる。(i) 常に語基に直接結合できるもの、(ii) 語基に他の接尾辞が結合していて常に語基から離れているもの、(iii) (i) と (ii) の両方の場合があるもの、即ち、語基に直接結合する場合と、他の接尾辞の存在により語基から離れている場合があるものである。(i) のタイプに属するのは、時制の接尾辞と修飾の接尾辞「-な」のみである。

　(15) a.　教え-る／教え-た、　高-い／高-かった
　　　 b.　真面目-な　人

一方、(ii) のタイプに属するのは、下記の例に示されているように、時制の接尾辞、修飾の「-な」、断定の「-だ」等の後に付き常に語基から離れている接続助詞である。

(16) 接続助詞：教え-る-ので／-のに／-けれど／-が／-し
　　　　　　　高-い-ので／-のに／-けれど／-が／-し
　　　　　　　まじめ-な-ので／-のに／*-けれど／*-が／*-し
　　　　　　　まじめ-だ-*ので／*-のに／-けれど／-が／-し

残りの接尾辞、即ち、格助詞、時・位置助詞、副助詞、係助詞、修飾助詞「-の」、準体助詞、並立助詞、終助詞、断定の助動詞は、語基に直接結合する場合と離れて結合する場合とがあり、従って (iii) のタイプに属する接尾辞である。下記の (17) は (iii) のタイプの接尾辞が、語基に直接結合している場合の例である。

(17) a. 　語基-格助詞：　　　太郎-が／-を
　　　b. 　語基-時・位置助詞：　東京-から／-まで／-より／-へ
　　　　　　　　　　　　　　　　／-で／-に
　　　c. 　語基-副助詞：　　　子供-だけ／-ばかり／-まで／-くらい・ぐらい／-ほど／-など／-のみ
　　　d. 　語基-係助詞：　　　花子-は／-さえ／-しか／-も／-でも／-こそ
　　　e. 　語基-修飾助詞「-の」：太郎-の（本）
　　　f. 　語基-準体助詞：　　日本-の（が）
　　　g. 　語基-並列助詞：　　水-と／-や／-やら／-に／-とか／-なり／-だの／-か（お茶）
　　　h. 　語基-終助詞：　　　札幌-よ／-ね／-か／-さ／-な
　　　i. 　語基-断定：　　　　子供-だ／-だった

(18) は、(iii) のタイプの接尾辞が他の接尾辞の存在で語基から離れて結合している場合の例である。

(18) a. 　語基-接尾辞-格助詞：　太郎-ばかり-が／-を／-に
　　　b. 　語基-接尾辞-時・位置助詞：東京-ぐらい-から／-まで
　　　　　　　　　　　　　　　　　　／-より-へ
　　　　　　　　　　　　　　　　　　／-で／-に

- c. 語基−接尾辞−副助詞：　子供−に−だけ／−ばかり／−まで／−くらい・ぐらい／−ほど／−など
- d. 語基−接尾辞−係助詞：　花子−から−は／−さえ／−しか／−も／−でも／−こそ
- e. 語基−接尾辞−修飾助詞「−の」：太郎−だけ−の（本）
- f. 語基−接尾辞−準体助詞：日本−から−の（が　いい）
- g. 語基−接尾辞−並立助詞：太郎−だけ−と、蹴−る−や／−やら
- h. 語基−接尾辞−終助詞：　札幌−から−よ／−ね／−か／−さ／−な
  覚え−た−よ／−ね／−か／−さ／−な
- i. 語基−接尾辞−断定：　　子供−だけ−だ／−だった

以上が語基との結合性における各接尾辞の分布上の特性であるが、これらの接尾辞のうち時制を表わす接尾辞「−る／−た」、「−い／−かった」と格を表わす接尾辞は、分布上他の接辞辞とは異なる特性を持つ。常に語基に直接結合できる接尾辞（時制、「−な」）はそうでない接尾辞と区別されるが、とりわけ時制の接尾辞は、語基がそれなしには独立できないという意味で「−な」とも、また他の接尾辞とも異なる（「食べ−る／*食べ−」、「高−い／*高−」、「まじめ−な／まじめ」）。そして、下記に示されているように、動作や状態を表すものとそうでないものとに語基を意味上大きく二分するという意味で他と異なる。

- (19) a. 見−・食べ−・着−・寝−・掛け−・飲−（nom-）……−る／−た
  - b. 暗−・甘−・寒−・暑−・嬉し−・悔し−・美味し−・面白−……−い／−かった
  - c. 太郎・本・家・鳥・山・花・春・東…*−る／*−た／*−い／*−かった
  - d. まじめ・やんちゃ・ほがらか…*−る／*−た／*−い／*−

かった
  e. わずか・少し・ゆっくり・はっきり・いつも…*-る／*-た／*-い／*-かった

上には時制の接尾辞が（19a）の「食べ-（る）」等の動作、（19b）の「暗-（い）」等の状態を指示する語基には結合できるが、（19c）の「本」等の具体物や「東」等の抽象物、（19d）の「まじめ」等の属性*13、そして（19e）の「少し」等の程度や「ゆっくり」等の行為の様態を指示する語基には結合できないことが示されている。

一方、格を表わす接尾辞は、時制の接尾辞と結合できない語基間の区別に重要である。時制の接尾辞と結合できない語基は、格助詞、時・位置助詞、副助詞、係助詞、修飾助詞、準体助詞、並列助詞の中のいずれかと直接結合できる。*14

(20) ①語基-格助詞
  a. 太郎・本・家・鳥・山・花・春・東…-が／-を／-に
  b. まじめ・やんちゃ・ほがらか…*-が／*-を／*-に
  c. わずか・少し・ゆっくり・はっきり・いつも…*-が／*-を／*-に

②語基-時・位置助詞
  a. 太郎・本・家・鳥・山・花・春・東…-から／-まで／-より／-で／-に／-へ
  b. まじめ・やんちゃ・ほがらか…*-から／*-まで／*-より／*-で／*-に／*-へ
  c. わずか・いつも…*-から／*-まで／*-より／*-で／*-に／*-へ
     少し-から／-より／-で／*-に／*-まで／*-へ
     ゆっくり・はっきり…*-から／*-まで／*-より／*-で／*-に／*-へ

③語基-副助詞
  a. 太郎・本・家・鳥・山・花・春・東…-ばかり／-だけ／-のみ／-ぐらい…
  b. まじめ・やんちゃ・ほがらか…*-ばかり／*-だけ／*-のみ／*-ぐらい…

c. わずか-ばかり／-だけ／*-のみ／*-ぐらい…
少し-ばかり／-だけ／*-のみ／-ぐらい…
ゆっくり・はっきり・いつも…*-ばかり／*-だけ／*-のみ／*-ぐらい…

④語基−係助詞

a. 太郎・本・家・鳥・山・花・春・東…-は／-さえ／-しか／-も／-こそ／-でも
b. まじめ・やんちゃ・ほがらか…*-は／*-さえ／*-しか／*-も／*-こそ／*-でも
c. わずか*-は／*-さえ／-しか／*-も／*-こそ／-でも
少し-は／-も／-しか／*-こそ／*-さえ／-でも
ゆっくり・はっきり・いつも…-は／*-も／*-しか／*-こそ／*-さえ／-でも

⑤語基−修飾助詞「-の」

a. 太郎・本・家・鳥・山・花・春・東…-の
b. まじめ・やんちゃ・ほがらか…*-の
c. わずか・少し・いつも-の（こと）
ゆっくり・はっきり*-の

語基−修飾助詞「-な」

a. 太郎・本・家・鳥・山・花・春・東…*-な
b. まじめ・やんちゃ・ほがらか…-な
c. わずか-な（金）
少し・ゆっくり・はっきり・いつも…*-な

⑥語基−準体助詞

a. 太郎・本・家・鳥・山・花・春・東…-の（は）
b. まじめ・やんちゃ・ほがらか…*-の（は）
c. わずか・少し・ゆっくり・はっきり…*-の（は）
いつも-の（は）

⑦語基−並立助詞

a. 太郎・本・家・鳥・山・花・春・東…-や／-と／-に／-とか／-なり-だの／-か
b. まじめ・やんちゃ・ほがらか…-*や／*-と／*-に／-と

　　　　か／*-なり／*-だの／*-か
　　c. わずか・少し・ゆっくり・はっきり・いつも…*-や／*
　　　　-と／*-に／*-とか／*-なり／*-だの／*-か

(21)は、(時制と結合不可の)語基との関係における接尾辞の分布をまとめたものである。

(21)接尾辞の分布

語基＼接尾辞	格助詞	時・位置助詞	副助詞	係助詞	修飾助詞 の	修飾助詞 な	準体助詞	並立助詞
a. 太郎・本・家・鳥・花・春…	○	○	○	○	○	*	○	○
b. まじめ・やんちゃ…	*	*	*	*	*	○	*	○／*
c. わずか…	*	*	○／*	○／*	○	*	○	*
少し…	*	○／*	○／*	○	○	*	*	*
ゆっくり・はっきり…	*	*	*	○／*	*	*	*	*
いつも…	*	*	*	○	○	*	*	*

★「○／*」は当該の接尾辞のうち結合可能なものとそうでないものがあることを表わす。例えば「少し」の場合、(20)②cに示されているように時・位置助詞のうち「-から、-より」とは結合できるが、「-まで」とは結合できない。

　上記の語基の中、aの「太郎、本、家、鳥」等の具体物や「春、東」等の抽象物を指示する語基は、他の語基(bの「やんちゃ、まじめ」等の属性を指示する語基、cの「少し」等の程度や「ゆっくり、はっきり、いつも」等の様態を指示する語基)と比べ数の上で圧倒的に多いが、形態論的に他の語基と異なる特性を持っている。つまり、時制と結合しない語基の中、これらの語基のみが、修飾助詞「-な」を除いて他の全ての接尾辞——格助詞、時・位置助詞、副助詞、係助詞、修飾助詞「-の」、準体助詞、並立助詞——と結合可能である。そしてこのことは、これらの語基のみが格助詞と結合できることによって明確に区別されている。従って、時制と結合し

ない語基の区別に格助詞が重要な役割を果たしていると言える。なお、格助詞の中でも、主格を表す「-が」は代表的存在であり重要である。実際、対格の「-を」や与格の「-に」と異なり、主格の「-が」を伴う語は常に文中に現れる。

以上、時制の接尾辞（「-る／-た」、「-い／-かった」）と主格の接尾辞（「-が」）には、語基との関係において他の接尾辞とは異なる分布上の特性があることを見た。これを基に日本語の語類体系は、語基の持つこれら両接尾辞との結合性を基に構築されていることを以下に提案する。

4．提案　「語基」の形式上の主要四類

主格を表わす「-が」と時制を表わす「-る／-た」とは互いに相補関係にあって、対立的関係にある名詞と動詞を区別すると一般に考えられている。語の区別が文中の主語と述語という対立的な概念に基づくのなら、その通りである。従って、主格の「-が」とも時制の「-る／-た」とも結合できる語は存在しないことになる。しかし、文を離れて孤立した語自体に注目すると問題は別である。時制及び主格を表わす二種類の接尾辞があるとすると、語の土台となる語基はこれらとの結合性において、論理上下記のように四区分される。*15

(22) ①主格の「-が」と結合できるが、時制の「-る／-た」あるいは「-い／-かった」とは結合できない［＋主格；－時制］のグループ

②主格の「-が」とは結合できないが、時制の「-る／-た」あるいは「-い／-かった」と結合できる［－主格；＋時制］のグループ

③両接尾辞と結合できる（但し、共起しない）［＋主格；＋時制］のグループ

④いずれの接尾辞とも結合できない［－主格；－時制］のグループ

そして、この論理上の各区分に属する語基が、日本語には実際に存

在する。*16

(23) ① ［＋主格；－時制］
　　　　本、桜、鳥…
　　② ［－主格；＋時制］
　　　　・時制「-る／-た」
　　　　　掛け-、食べ-、見-…
　　　　・時制「-い／-かった」
　　　　　若-、寒-、高-…
　　③ ［＋主格；＋時制］
　　　　錆、黴、揺れ…
　　④ ［－主格；－時制］
　　　　まじめ、見事、ゆっくり…

これを基に本書では、日本語の実質的意味概念を有する語彙要素「語基」は、主格の接尾辞及び時制の接尾辞との結合の可能性（結合しているか否かの語形ではない）においてまずもって上記の四つの類、即ち範疇に区分されることを提案する。つまり、日本語の有意味の語彙要素「語基」は形式上四つの主要な類に分けられ、どの語基も全てこのいずれかの類に属するということである。

　各類の構成員は具体的には以下のように認定される。例えば、「本」は主格を表わす接尾辞「-が」と結合できる（hon-ga）が、時制を表わす接尾辞「-る／-た」や「-い／-かった」とは結合できない（*hon-ru／-ta、*hon-i／-katta）。従って、［＋主格；－時制］の類に所属する。［－主格；＋時制］類は、時制を表わす接尾辞「-る／-た」と「-い／-かった」で下位分類される。例えば「掛け-」は、主格の「-が」とは結合できない（*kake-ga）が、時制の「-る／-た」と結合できる（kake-ru／-ta）。一方、「若-」は主格の「-が」とは結合できない（*waka-ga）が、時制の「-い／-かった」と結合できる（waka-i／-katta）。［＋主格；＋時制］の類の構成員を認定するのはこれら二つの類ほど簡単ではない。主格及び時制の両接尾辞との結合の可能性（但し、共起しない *sabi-ga-ru／-ta）の他に更に、主格の接尾辞と結合できる語基と時制の接尾辞と結合できる語基とが同一の形態であることを確認する必要がある。この

判断基準は意味上の相関性とアクセントパターンの同一性である。例えば、「錆」は主格の「-が」と結合でき（'sabi-ga'）、時制の「-る／-た」とも結合できる（'sabi-ru／-ta'）のみならず、下記に示すように、両者ともアクセントパターンは同じである。

(24) a. sa b͞i-ru　　b. sa b͞i-ga

（金田一春彦・秋永一枝 2001 より）

また、「錆-が」も「錆び-る」も下記の例に示されているように意味上相関性がある。

(25) a. 自転車-が　錆び-る　　b. 自転車-に　錆-が　つく

上記の（25a）も（25b）も基本的に同じ事態を表し、同じ真理値を持つ。従って、「錆」は［＋主格；＋時制］類の成員と認定される。「錆」と同じことが「黴」の場合にも言える。［−主格；−時制］類の成員は主格及び時制の両接尾辞とも結合できないことが特徴である。例えば、「まじめ」は両接尾辞とも結合できない（*majime-ga、*majime-ru／-ta、*majime-i／-katta）。「ゆっくり」にも同様のことが言える（*yukkuri-ga、*yukkuri-ru／-ta、*yukkuri-i／-katta）。以上のようにして各類の構成員の例を追加したのが下記の（26）である。（厳密には平仮名で表記し難いもの等必要に応じローマ字でも記す。）

(26) ① ［＋主格；−時制］類

家、鳥、犬、虫、木、石、太陽、水、子、海、山、本、筆、桜、花、男、女、手、足、春、北、音、赤、黒、動き（ugoki）、泳ぎ…

② ［−主格；＋時制］類

・時制「-る／-た」

食べ-'tabe-'、見-'mi-'、掛-'kake-'、飛-'tob-'、泳-'oyog-'、歩-'aruk-'、泣-'nak-'、怒-'okor-'、歌-'utaw-'、読-'yom-'、寝-'ne-'、笑-'waraw-'、聞-'kik-'、行-'ik-'、動-'ugok-'…

・時制「-い／-かった」

寒-、痛-、若-、悔し-、重-、高-、安-、熱-、冷た-、軽-、嬉し-、楽し-、黒-、寂し-、赤-…

③ ［＋主格；＋時制］（但し、共起できない）類
・時制「-る／-た」
錆、黴、こげ、禿、もつれ、ささくれ、揺れ、流れ、借り、汚れ、いじめ…
・時制「-い／-かった」
丸
④ ［－主格；－時制］類
まじめ、内気、我儘、せっかち、素直、やんちゃ、みごと、ちゃち…
ゆっくり、にっこり、
そっと、じっと、ようやく…
少し、一寸、わずか、やや、ほぼ…

このように日本語の有意味の形態語基は主格及び時制の両接尾辞との結合性を基に、形式上まずもって、下記の（27a）のように二つではなく、（27b）のように四つの主要な類に区分される。

(27)

a.

| ［＋主格；－時制］ | ［－主格；＋時制］ |

b.

| ［＋主格；－時制］ | ［－主格；＋時制］ |
| ［＋主格；＋時制］ | ［－主格；－時制］ |

4.1　形式上の分類の境界について

　以上、主格および時制の両接尾辞との結合の可能性を基に、日本語（和語）の実質的意味概念を有し語の土台となる「語基」が形式上主要な四つの類（範疇）に区分されることを提案した。ここでは提案の区分の境界について、品詞論上確認しておきたいことを記す。
　［＋主格；＋時制］の特徴を持つ類についてであるが、主格の接尾辞との結合性において［＋主格；－時制］の類と特徴を共有する

と同時に、時制の接尾辞との結合性において［－主格；＋時制］の類とも特徴を共有している。しかし、このいずれの類とも全く異なる類として区別され、独立した別の類として他の類と同等に語類体系上位置づけられているということである。第1章3.1節でも述べたように、いわゆる認知言語学では、カテゴリー化の問題にプロトタイプ（prototype）論的見方を採用し、境界の曖昧性を認める「ファジー（fuzzy）カテゴリー」というものが採り挙げられる。しかし、本書はこの考えを想定していない。全成員に一貫し共通する特性に基づく集合論的な分類を想定しており、<u>ある程度はその要素を持っている</u>などのような捉え方のできない、明確な境界を前提としている。従って、成員は全て同等の資格でその類に所属している。その意味で、アリストテレスにおける古典的品詞論の原理と同じである。ただ、その区分が単純な二区分ではなく、四区分であり、各区分は意味論的に一貫しているということである。

4.2 提案の語類体系から引き出される三つの帰結

主格と時制の接尾辞を基準に語基が四区分されることを述べたが、この提案の語類体系から、アリストテレスの観点からも、また現代日本語文法の観点からも興味深い三つの帰結が引き出される。

4.2.1 「転成名詞」に関して

　この体系の下では第3章3節でも概述したように、「転成名詞」というものが存在しない。転成名詞は名詞と動詞の区別を前提として、子音動詞にも母音動詞にも起こるとして一くくりに扱われていたが、子音動詞の関わる場合と母音動詞の関わる場合とでは、それぞれ所属の範疇が異なる。例えば、子音動詞「動く」からの転成名詞とされる「動き」は、上記の（26）①に下線で示されているように「鳥」等と同じ［＋主格；－時制］の特徴を持つ。つまり、「動き」の語基は、「動く」'ugok-u'の連用形、即ち語基に繋ぎの-iの結合した'ugok-i'ではなく、'ugoki'であって、主格の「-が」とは結合できるが、時制の「-る／-た」とは結合できない（ugoki-ga；*ugoki-ru／*ugoki-ta）。従って、［＋主格；－時制］の類に属する。

しかし、これまで元の語とされてきた「動く」の語基は（26）②に下線で示されているように'ugok-'であり、時制の「-る／-た」とは結合できるが主格の「-が」とは結合できず（ugok-u／ugoi-ta；*ugok-ga）、［−主格；＋時制］の類に属する。換言すると、「動く」と「動き」とは、本来異なる語基から構成されており、異なる範疇に属する語だということである。実際、意味的にも「動く」は行為それ自体を表わすが、「動き」は行為の概念を表わすという意味でも両者は区別される。「泳ぐ」と「泳ぎ」にも同様のことが言え、前者は行為それ自体を表わし後者は行為の概念を表わす別の語であり、それぞれ語基は［−主格；＋時制］と［＋主格；−時制］の類に属している。一方、いわゆる母音動詞からの転成名詞とされる「錆」や「黴」等は、主格の「-が」とも時制の「-る／-た」とも結合可能であり、［＋主格；＋時制］の類に属する同一の語基と見なされる。転成名詞に対するこの扱いは、第3章で指摘した種々の問題解決に繋がるという意味でも望ましい。

　第一に音声的特徴の観点から望ましい。既述のように、「錆」等母音動詞が関わっている場合、元の動詞とされるものも転成名詞とされるものもアクセントパターンは同じである。

(28) a.　sabi-ru　　　　　　b.　sabi-ga
(29) a.　kabi-ru　　　　　　b.　kabi-ga

上記の（28a）の「錆び-る」も（28b）の「錆-が」もbiの部分が高くその後が低く発音される起伏式であり、両者のアクセントパターンは完全に一致している。（29）の「黴」にも同様のことが言える。一方、子音動詞の場合には、母音動詞の場合と同じことが言えない。

(30) a.　ugok-u　　　　　　b.　ugoki-ga
(31) a.　muk-u　　　　　　b.　muki-ga

(30)には、(30a)の「動く」が'go'の部分が高くその後低ピッチの続く起伏式であるのに対し、転成名詞とされる(30b)の「動き(-が)」の場合には、'goki (-ga)'の部分が高く、平板式になっており、両者のアクセントパターンは異なる。従って、両者は異なる類に属する。同様のことが、(31a)の「向く」と(31b)の「向き

(が)」のペアにも言える。

　第二に、語類の形態論的秩序という観点からも提案の区分は望ましい。第3章2節で既に述べたように、転成分析の下では「動き (-が)」は「動く」'ugok-u' の連用形 'ugok-i (-masu)' からの転成名詞とされている。しかし、これらは本来の「名詞」の持つ形態論的特徴と異なる。例えば、「犬」の語基 (base) 'inu' は「-が」と結合できるが (inu-ga)、'ugok-i (-masu)' の語基である最小の形態 'ugok-' 自体は結合できない (*ugok-ga)。つまり、転成分析の下では名詞の典型的な特徴とされる形態論的秩序が維持されていないが、上記の語類体系は、語基の持つ主格と時制との結合性を基にした区分であり、構成員全てに一貫しており、このような問題は存在しない。

　また、転成名詞が存在しないことにより、転成の条件や範囲の問題、転成による語構成の文法理論上の位置づけや形態素の扱い等未解決の問題も解決され、文法構造の簡潔化にも繋がる。しかし、「錆」の属する [＋主格；＋時制] の類自体は、伝統の名詞（オノマ）と動詞（レーマ）との二分法に真っ向から対立する。本章の冒頭に語類の意味は形式に対応しており両者の間に相関関係があることを述べた。この類の語基の意味論的特徴とはどのようなものだろうか。次章の 2.2 節で実在世界における指示対象の特徴を考察することで明らかにする。また、これらの文中の用法を通して、範疇間の成員を区別するとされている主語や述語等の統語論的機能と意味論、形態論的特徴との相互関係について考察し、語類の本質解明に繋げる。

4.2.2　副詞に関して

　提案の体系は、副詞も主要な範疇の成員として捉える。両接尾辞とも結合できない [－主格；－時制] の類に日本語の副詞が属するのである。第2章で述べたように、副詞はアリストテレスがそれ自体で指示対象を有するオノマやレーマと区別し、接続詞等とともに命題の議論から除外した。つまり、真偽の問われる命題文の構成要素として扱われなかった。同様の見地は、現代文法においてもしば

しば見受けられる。例えば、国語学会編『国語学大辞典』(1980：744) では、副詞について以下のように述べている。

> 副詞は、文中での働きが連用修飾という一つの職能にほぼ固定された語であり、そのため活用や格変化をもたないのである。活用・格変化をもたず一つの機能に固定されているという点は、連体修飾語にのみなる連体詞、接続語にのみなる接続詞、独立語のみになる感動詞も同様であり、いずれも<u>文の骨子たる主語述語になりえず副次的依存的な職能に固定されているところから</u>、**副用語**と総称される。　　　　　　　　　　（下線は筆者）

つまり、副詞は接続詞等と同類にくくられ、主語や述語になるオノマ（名詞）やレーマ（動詞）とは区別されるという意味で、アリストテレスにおける範疇原理と基本的に同じである。副詞を主要品詞と見なさない立場は、第1章2.4節でも述べたように現在も見られる。

しかし、本書では、副詞も主要な範疇の一員である。この意味で、鈴木重幸（1996）や仁田義雄（2002）、村木新次郎（2010）等の立場と同じである。第6章3.1節では意味論的特徴及び文中における用法について議論し、日本語の語類体系における副詞の位置づけの意味を明らかにする。

4.2.3 「形容詞」と「形容動詞」に関して

提案の体系からは状態や性質等の属性を表わす「形容詞」（イ-形容詞）と「形容動詞」（ナ-形容詞）に関しても、興味深い帰結が引き出される。「寒-い」、「痛-い」、「若-い」等のいわゆる形容詞は、主格の接尾辞とは結合できないが時制の接尾辞と結合できる［-主格；+時制］の類、つまり、通称「動詞」の多くと同じ類に属する。しかし、「まじめ」、「やんちゃ」等のいわゆる形容動詞は、主格の接尾辞とも時制の接尾辞とも結合できない［-主格；-時制］の類、つまり、副詞と同じグループに属する。形容詞は属性と共に時を合わせ表わすとしたアリストテレスによる「レーマ」の定義と一致するが、形容動詞は矛盾するということである。日本語における状態や性質を表わす語の形式上のこの区分は、どのような意味論的特徴

に対応しているのだろうか。アリストテレスにおける言葉と実在世界の関係という観点からのみならず、現代日本語文法における形容詞や形容動詞の品詞体系上の位置づけという観点からも興味深い。第1章2.4節で述べたように、形容詞は動詞の下位分類とする立場、名詞とも動詞とも異なる独立した品詞とする立場がある。形容動詞は、名詞の下位分類とする立場、名詞や動詞と区別された独立した品詞としての形容詞の下位の分類とする立場、名詞、動詞、形容詞のいずれとも異なる独立した品詞とする立場と複雑である。しかし、これらの先行研究においても、意味的には形容動詞は形容詞と同じであるという点では基本的に一致している。*17 本書では従来の位置づけと異なるのみならず、形式上の区分は意味上の区分に対応していると考え、両品詞における形式と意味との相関関係を次章3.2節で明らかにする。また、［－主格；－時制］の特徴を持つ形容動詞の文中の用法を通して、語類を区別するとされている時制の機能についても議論する。

5. ワロー（M.T. Varro）による語類体系との違い

興味深いことに提案の語類体系と同じシステムを用いて体系を立てた学者がかつて存在した。古代ローマのマルクス・テレンティウス・ワロー（ワッロ、ワルロー、ヴァルローとも呼ばれる）（Marcus Terentius Varro　紀元前116–紀元前27）である。しかし、語類そのものの規定が本書とは本質的に異なる。

ワローは、「言語学の問題に関して本格的に記述したラテン著作家のうち、記録が残っている最古の人」（R.H.Robins 1990：551［中村完・後藤斉訳1992より：54］）であり、「言語学の問題に関しては、ラテン語学者中おそらくもっとも独創的であった」（同上 p.56［同上 p.55］）とされる（他に Daniel J.Taylor 1974 参照）。その著『ラテン語論』 *De Lingua Latina* *18 におけるワローの言語理論では、word（単語）はそれ以上分割できない発話の最小の部分であり、言語の基本的・原初的要素である（Roland Kent 1951：591；Daniel J.Taylor 1974：9-10）。そこでは言語（ラテ

ン語）は有限のこの原初的単語が変化して発展したものとされ、三つの段階——words（原初的単語）が存在物と関連付けられる最初のレベル、存在と関連付けられた語が屈折し語形変化する第二番目のレベル、語形変化した語が結合して文が構成される第三番目のレベル——に分けられている（Daniel J. Taylor 1974：9-11）。そして、文中の屈折する語を格と時制を基に、以下のように四つに区分した。*19、20

(32) ①格を持つが時制は持たないもの（名詞［nouns］、形容詞も含む*21
　　　　例：*docilis*「教えやすい」、*facilis*「容易な」
②時制を持つが格は持たないもの（動詞［verbs］）
　　　　例：*docet*「教える」、*facit*「作る」
③（格と時制の）両方を持つもの（分詞［participles］）
　　　　例：*docens*「教えること」、*faciens*「作ること」
④どちらも持たないもの（不変化詞［particles］）
　　　　例：*docte*「学者らしく」、*facete*「すばらしく」

　　　　　　　　　　（Daniel J. Taylor 1974：17 参照。筆者訳）

この四区分に関しては *De Lingua Latina* の中で四度も説明されており（Daniel J. Taylor 1974：16）、格を持つものの例として、他の場所では、*homo* 'man' 等いわゆる「名詞」が挙げられている。

　ワローによる語のこの形態論的分類は、文字通り *partes orationis* 'parts of speech'（発話の部分）としての語の分類、つまり品詞である。この区分体系を指して、イェスペルセンは、ユークリッド（Euclid）幾何学に見られる精密さを持つ最も巧妙なシステムと見なし、「今日この組織が一般に見捨てられているとすれば、明らかにその理由は、これが明白にラテン語（およびギリシャ語）にのみ当てはまるように作られており、ラテン語に類似した言語構造から発達した近代諸語（たとえば英語）にも、あるいはエスキモー語のごとき全く違った種類の言語にも、適切でないということにある。」（Otto Jespersen 1924：58［半田一郎訳1958：52]）と述べている。*22

　確かに、本書の語類体系は、格及び時制を基準とした数学的規則

性に基づいて構築されているという意味でワローの体系と同じである。しかし、ラテン語（及びギリシャ語）と日本語という対象言語以上の本質的な違いがある。重要な違いは、ワローの語類体系ではギリシャの先人による語の分類原理がそのまま保持されていることである。つまり、古典期ギリシャ語の文中の機能に対応しているオノマとレーマの区別が語類の基底にあり、それを応用しての文中に現れている語（形）の形態分類であり、統語論的機能との関連付けである。従って（32）から明らかなように、例として挙げられているのは、同一語根から出た文法的に異なる一連の語である。他の場所（Taylor 1974：18 参照）でも、tense（時制）は持っているが case（格）は持たぬものとして、*leges* "you will read, choose"、case（格）は持つが tense（時制）は持っていないものとして *lector* "reader, selector"、両方を合わせ持つものとして *legens* "reading, choosing"、いずれも持たぬものとして、*lecte* "selectively" が挙げられているが、いずれも "to read" あるいは "to choose" という意味を持つ「同一語根から出た文法的に異なる一連の語」（R.H.Robins 1990：59 ［中村完・後藤斉訳 1992：59］）である。語根の同じ participles（分詞）を verbs（動詞）と異なる語類として区別することは古代より議論の対象になっていたとされる（R. H. Robins 1990：39）が、ワローの語類にも同じことが言える。つまり、ワローの言語理論における言語の第一段階では同一の存在を指示する基本的な単位としての語が、語形変化して文の構成要素となる第三段階では、四つの異なる語類として区分されている。文中に現れている語形そのものの特徴には対応しているが、文を離れて孤立した語自体が持つ固有の意味論的特徴は語の区分においては反映されていないのである。語類とは一体何なのか。本書では、語彙要素「語基」の意味と形態的特徴とは異なり区別される存在ではあるが、両者の間には密接な対応関係があり、互いに相関していると考える。従って、同一の意味を持つ語基が形式上異なる別の範疇に区別されることはないのである。以下、第 6 章では、形式上の各区分における語の実在世界との関係、即ち意味論的特徴を考察し、形式と意味の間にある対応関係の解明を試みる。

*1 第5章の2節及び3節は Yamahashi（1988）の内容に基づいている。4節は Yamahashi（2010）及び山橋（2010）の内容を敷衍した。
*2 「語彙素」という用語は、本節及び第1章2.2節で述べた用法以外にもさまざまな用いられ方がある。詳細は斎藤倫明（1995）参照。
*3 Luiseño 語における Absolutives とは、語が列挙される場合か、独立形の場合に必要とされる –sh、–t、–l、–cha、–ta、–la の六つの接尾辞を指し、接頭辞 possessive とは共起しない。一般には接辞 absolutives が Luiseño 語における「動詞」と「非動詞」（名詞）を区別するとされているが、Susan Steele（1988）はこれに疑義を呈している（Susan Steele 2002：85参照）。
*4 Possessive とは、人称や数をマークする no–、po– 等の六つの接頭辞を指す（同上）。
*5 以下は原文である。

> The bases of Luiseño, the lexically meaningful elements, can be divided into four major classes, those which allow the absolutive but not the possessive, those which allow the possesive but not the absolutive, those which allow both the absolutive and the possesive (but not simultaneously), and those which allow neither and, therefore, allow tense／aspect.
> （Susan Steele 1988：11）

*6 （1）に挙げた各類の例は、Susan Steele（1988：17–18 TABLE2）より抜粋したものである。
*7 本書における単語の構成要素に用いる用語は、例えば野村雅昭（1977）からも分かるように、一般の用法と必ずしも一致しない。実際問題、これらの用語は学者により異なる。例えば森岡健二（1994：33）では、音節レベルで形態素を抽出し、「派生語及び屈折語の基幹となる形態素」を「語基」と呼び、それに英語の stem を当てている。例えば、「『書き』などは自立形式の語基」（同上）である。一方、村木新次郎（1991：13）では、音節ではなく音素レベルで形態素を抽出し、語基は、「合成語を作る要素で、語形成上の単位であり、語幹は、同一の単語の文法的な語形をつくる活用上の単位」として英語の base を当てている。子音動詞の場合「語幹にiがついた形式が語基（base）であり、例えば、「書く」であれば、'kak-' が語幹で、それに -i のついた「書き」'kak-i' が語基（base）である。影山太郎（1993：13）では「合成語を作る土台となり、独自の意味的まとまりを持つ要素」（p.13）を「基体」と呼び、英語の base を当てている。一方、Masayoshi Shibatani（1990）でも音素単位で形態素を分析しているが、上記の「書き」'kak-i' のような自立形式を stem（日本語訳は通常「語幹」）と呼んでいる。Masayoshi Shibatani における動詞の root（「語根」）は本書の「語基」（base）に相当する。
*8 名称や区分等、Yamahashi（1988：63–65）とは異なるものもあるが、本書の目的に直接影響しない。ここでは便宜上、ほぼ慣例的用語を用いた。
*9 学者の中には、伝統的に「断定の助動詞」（寺村秀夫（1982）では「判定詞」、山田孝雄（1922）では「存在詞」、Yoko McClain（1981）や Satoshi Uehara（1998）では copula。copula の訳の「繋辞」も用いられる。）と呼ば

れる「−だ／−だった」'-da／-datta'を時制のマーカーとする立場がある。例えば、寺村秀夫（1982：54）は「判定詞の語幹は、しいていえば、'd-'であろうが、語幹語尾の一体化が強いので分かたずに示す」と述べている。従って、'-a'が現在形の接辞、'-atta'が過去形の接辞である。また、Satoshi Uehara（1998：62）や Yoko McClain（1981：15）では、'-da'を辞書形及び stem（「語幹」）とし、'-datta'の場合'-dat-'が stem で、'-ta'が過去のマーカーである。しかし、Sachiko Yamahashi（1988：142）でも指摘しているように、英語の'can'と'could'等の場合と同様、時制はこれらの要素に本来的に備わってはいるが、「−だ／−だった」そのものの機能は「断定」を表わすことであり、純粋に時制を表わすことではない。従って、下記の例が示すように、疑問文や推量文では意味上矛盾が生じる「−だ」は用いられない。

① a. 太郎-は　日本人-か
　 b. *太郎-は　日本人-だ-か
② a. 彼女-は　太郎-の　友達-らし-い
　 b. *彼女-は　太郎-の　友達-だ-らし-い

更に、「−だ」は動詞に結合する「−る／−た」や形容詞に結合する「−い／−かった」と異なり、省略されることがある。従って、下記の例文③において、「男-だ」から「−だ」を削除した例文③ b も容認される。「見-る」から「−る（非過去）」を削除した例文④ b 及び、「寒-い」から「−い（非過去）」を削除した例文⑤ b が容認されないのとは対照的である。

③ a. 太郎-は、男-だ。
　 b. 太郎-は、男。
④ a. 太郎-は、毎日　テレビ-を　見-る。
　 b. *太郎-は、毎日　テレビ-を　見-。
⑤ a. 今日-は、とても　寒-い。
　 b. *今日-は、とても　寒-。

従って、日本語における時制を表わす形態は「−る／−た」及び「−い／−かった」の二種類ということになる。

*10　Yamahashi（1988：70）では「語基」（base）を 'Proto Root' と呼び、以下のように定義している。

　　Proto　Root：Any lexical expression which is compatible with a member of the class Suffix and which does not itself include any member of the class Suffix.

(10) ではこれに「音素レベルで抽出される最小の不変化部分」を加え、修正した。
*11　「−られ」は受身の他に可能、自発、尊敬の表現としても用いられる。
*12　語種和語の区別に金田一京助他編 2002『新選　国語辞典第八版』を主に参照した。
*13　本書では「まじめ」等の属性が、「暗-い」等の状態を表わす属性と異なることを第6章で議論する。
*14　終助詞及び断定の接尾辞は時制と結合不可の全ての語基と直接結合でき、語基間の区別に役立たない。またこれらは話者の心的態度と関わる接尾辞であり、本書の目的に直接影響しないので省く。

*15　山橋（2010）では「結合性の有無」に関し、「（例：主格と）結合する」あるいは「結合しない」のように表記している。しかし本書では、「結合性」が「結合の可能性」であることをより明確に示す「（主格と）結合できる」あるいは「結合できない」に修正する。意図している内容には変わりない。

*16　Yamahashi（1988：90-93）では、[＋tense；＋case]（本書の［＋主格；＋時制］に相当）のグループに属する語が挙げられていない。しかし、Yamahashi（2010）及び山橋（2010）ではYamahashi（1988）を修正し、「錆」等の語群の存在を取り上げ、それらに焦点を当てて議論している。

*17　但し、上原聡（2002）は認知言語学の立場から、「形容詞」と「形容動詞」とは意味的に区別できると主張している。しかし、本書と品詞の区分体系自体が異なるのみならず、漢語や派生語等も含んでおり、意味的分析も異なる。上原聡によると、日本語は活用の有無を基に、動詞を基本とする類と名詞を基本とする類に二大区分されるが、これらの下位に語根の拘束性の異なる形容詞と形容動詞がそれぞれ属する（pp.85-89参照）。つまり、形容詞は語根の「－い」との結合性が強いが、形容動詞は語根の「－だ」との結合性が弱いということを根拠に形式上区別されている。そして、意味的には、前者はより基本的で一般的な意味領域を表わすが、後者は非基本的なレベルの意味を表わすと主張している。従って、形容詞の「広い」は基本的な意味を表し、形容動詞の「広大」（漢語）は非基本的な意味を表すということである。

*18　出版は紀元前40年代（Daniel J. Taylor 1974：2）（Ronald Kent 1958：ixでは紀元前47〜45）とされているが、正確な年代は不明（Taylor p.7）。また、全25巻中、今日残っているのは全体の4分の1に満たないとされている（同上p.2）。

*19　以下はDaniel J. Taylor（1974：17）からの引用である。

　　1) that which has cases but not tenses, e.g. *docilis* "teachable", *facilis* "easy"; 2) that which has tenses but not cases, eg. *docet* "teaches", *facit* "makes"; 3) that which has both, eg. *docens* "teaching", *faciens* "making"; 4) that which has neither, eg. *docte* "learnedly", *facete* "finely"

*20　（32）の（　）内に記した名詞や動詞等の品詞名はDaniel J. Taylor（1974：17）にはないが、他のページでは明記されているので便宜上記した。

*21　（32）①の例から分かるように形容詞も名詞と同じ類に分類されているのは、ラテン語では形容詞も格変化するからである。

*22　以下は原文である。

　　The most ingenious system in this respect [, dividing words into certain classes,] is certainly that of Varro, who distinguishes four parts of speech, one which has cases (nouns, nomina), one which has tenses (verbs), one which has cases and tenses (participles), and one which has neither (particles). If this scheme is now generally abandoned, the reason evidently is that it is so manifestly made to fit Latin (and Greek) only and that it is not suitable either to modern languages……　　（Otto Jespersen 1924：58）

第6章
日本語（和語）の語類と意味との相関関係

　第5章では、主格及び時制を表わす両接尾辞との結合性を基に、日本語（和語）の語彙的意味を有する要素「語基」が形式上まずもって四つの主要な類（範疇）に区分されることを論じた。本章では、この形式上の四区分と意味との相関関係を、語基の指示対象である実在存在の存在のあり方を分析して明らかにする。*1 とりわけアリストテレスによる「$ονομα$・$ρημα$＝主語・述語＝実体・属性」という二分法に由来するとされる「名詞」と「動詞」の区別と対立する範疇、即ち、主格及び時制の両接尾辞と結合できる［＋主格；＋時制］の類、及びいずれの接尾辞とも結合できない［－主格；－時制］の類に焦点を当てる。［＋主格；＋時制］の類には第5章4節の（26）の例からも分かるように、［＋主格；－時制］の成員と同様に、ものを指示する語基が含まれている。しかし、それらの指示するものは後者の指示するものとは異なるタイプの存在である。また、［－主格；－時制］の類には［－主格；＋時制］の類と同様に、性質等の属性を指示する語基が含まれている。しかし、両者の存在のあり方が異なる。本書の核心をなす部分であり、客観的な科学的事実を基に解明を試みる。本章ではまた、［＋主格；＋時制］及び［－主格；－時制］の成員の文中における用法を基に、通説となっている統語論的な側面と意味的、形態論的側面との相互依存的関係及び語類における時制の機能についても議論し、語類の本質解明に繋げる。

1.　［＋主格；－時制］及び［－主格；＋時制］の類

　最初に、伝統の二分法と矛盾しない［＋主格；－時制］及び［－主格；＋時制］類の成員の指示対象について概観し、注目の類の議

論へと繋げる。以下は両類に属する語基を意味上下位に分類し、更に二種の時制、「-る／-た」及び「-い／-かった」において区分したものをいくつかの例と共にまとめたものである。(例は池原悟他編 (1997)『日本語語彙大系　1意味体系』及び国立国語研究所編 (2004)『分類語彙表増補改訂版』等を参照しできるだけ広範囲の意味領域から抽出した。)

(1) ［＋主格；－時制］＝もの (Entities)

 A. 具体物（目、耳、鼻、舌、皮膚の五感を通して知覚されるもの）

  自然物：動物（人、犬、鳥、熊、蟻…）、動物の部分（手、足、頭、眼、耳…）、植物（桜、桃、草、ゆり、すみれ…）、液体（水、油…）、鉱物（石、岩、鉄…）、場所（海、山、島…）、天体（月、星、太陽…）、天候（雨、雪、嵐…）、塵埃（塵、埃）、怪我（傷）、音、匂い、味、色（赤、青、白…）…

  人工物：食べ物（飯、餅、飴、汁…）、衣類（足袋、帯、着物…）、家具（机、箪笥、鏡…）、道具（臼、鍋、刀、剣、鋏…）、建物（家、門、橋、寺…）、書物（本）、乗り物（そり、車…）…

 B. 抽象物（五感を通して知覚されないもの）

  空間（右、左、上、東、南…）、季節（夏、春、秋、冬）、親族関係（親、子、姉、弟…）、行為の概念（泳ぎ、動き、釣り、踊り、騒ぎ、動き…）、感情の概念（喜び、悲しみ、怒り、焦り…）、その他の概念（心、夢、宝、罪、愛…）…

(2) ［－主格；＋時制］＝事象 (Events)

 A. 行為（身体的及び精神的）

  時制「-る／-た」：

  釣-'tur-'、笑-'waraw-'、行-'ik-'、泳-'oyog-'、食べ-'tabe-'、見-'mi-'、寝-'ne-'、泣-'nak-'、起き-'oki-'、走-'hasir-'、書-'kak-'、騒-'sawag-'、飛-'tob-'、学-

'manab-'、喜-'yorokob-'、怒-'okor-'、あせ-'aser-' …

時制「-い／-かった」: 無し

B. 過程

時制「-る／-た」:

乾-'kawak-'、降-'hur-'、割れ-'ware-'、育-'sodat-'、濡れ-'nure-'、縮-'tizim-'、枯れ-'kare-'、開-'ak-'、死-'sin-'、下が-'sagar-'、上が-'agar-'、しぼ-'sibom-'、壊れ-'koware-' …

時制「-い／-かった」: 無し

C. 状態（性質及び非性質）

時制「-る／-た」:

似-'ni-'、有-'ar-'、居-'i-'、要-'ir-'、住-'sum-'、分か-'wakar-'、困ま-'komar-'、違-'tigaw-'、優れ-'sugure-' …

時制「-い／-かった」:

しつこ-'situko-'、賢こ-'kasiko-'、ずる-'zuru-'、新し-'atarasi-'、寒-'samu-'、早-'haya-'、美味し-'oisi-'、難し-'muzukasi-'、無-'na-'、痛-'ita-'、悔し-'kuyasi-'、若-'waka-'、重-'omo-'、暗-'kura-'、赤-'aka-'、青-い 'ao-' 黒-'kuro-'、白-'siro-' *2 …

上記の例から、全てではないが通称「名詞」の多くが［＋主格；−時制］の類に属し、「動詞」と「形容詞」（イ-形容詞）の多くが［−主格；＋時制］の類に属していることが分かる。つまり、［＋主格；−時制］の成員は「鳥」、「木」等の自然物や「本」、「家」等の人工物等の具体物を典型とした実在世界に通常存在している「もの」(entities) を指示する。そして、［−主格；＋時制］の成員は「釣（-る）」'tur (-u)' や「食べ（-る）」'tabe (-ru)' 等の行為、「乾（-く）」'kawak (-u)' や「割れ-（る）」'ware (-ru)' 等の過程、「新らし（-い）」'atarasi (-i)' 等の状態等「事象」(events) を指示する。従って、時を表わさない「オノマ」あるいは「名詞」が「実体」を指示し、時をも表わす「レーマ」あるいは「動詞」や「形容

詞」が「属性」を指示すると言える。そして、前者は主語にはなるが付帯的な性質付けをする述語にはなれず、後者は主語にはなれないが述語にはなる。この限りにおいては、アリストテレス以来の伝統の二分法と合致する（第2章2節参照）し、現代文法の観点からも特に目新しいことではない。

　しかし、問題は［＋主格；＋時制］類である。この類の成員の指示対象である「錆」や「黴」も可視的な自然物、即ち、具体物である。形式は意味に対応している。だとすれば、同じく主格の接尾辞と結合する［＋主格；－時制］の成員の指示対象である具体物との間にどのような違いがあるのだろうか。また、主格の接尾辞とも時制の接尾辞とも結合し、文中で主語にも述語にもなり得ること自体も伝統の二分法に対立する。何を意味しているのだろうか。更に、伝統の二分法に対立しているのはこの類のみではない。いずれの接尾辞とも結合できない［－主格；－時制］の類も対立している。この類には主格とも時制とも結合できず、主語にも述語にもなれない副詞が属している。また、文中で主語にはなれないが、時制と結合せずに述語になる形容動詞も属している。形容動詞の指示対象、例えば「まじめ」'majime'や「ちゃち」'chachi'も［－主格；＋時制］の成員の指示対象「賢-い」'kasiko-i'等と同様に性質の属性である。どのような違いがあってこのように形式上異なる類に区分されているのだろうか。

　以下、焦点の両類の持つ意味論的秩序を指示対象の存在としての特徴を分析することで明らかにする。同時に、これらの文中における用いられ方についても考察する。

2. ［＋主格；＋時制］の類

2.1　［＋主格；＋時制］の成員

　「錆」等のように主格の「-が」及び時制の「-る／-た」と結合性を有する［＋主格；＋時制］類の成員は、伝統の二区分に対立しない［＋主格；－時制］及び［－主格；＋時制］類の成員ほど多くはないが、しかし例外とするほど少なくはない。この節では［＋主

格；＋時制］類の意味論的特徴を分析、考察するに当たり、どのような構成員から成っているのかをまず明確にする。*3

　この類に所属するのはいわゆる母音動詞であるが、その全てが［＋主格；＋時制］の特徴を持つわけではない。西尾寅弥・宮島達夫（1972：238–241）によると、母音動詞で、現在用いられている単純和語は550程あるが、意味的相関性とアクセントパターンの同一性を基に抽出したところ、80程がこの類に属していることが明らかになった。これらは以下のように具体物（とりわけ、可視的なもの）を指示する語基と抽象物を指示する語基に分けられる。なお、「もつれ」や「ぶれ」等、具体物と抽象物の両方を指示する場合は、議論の便宜上、具体物の指示語基として挙げる。*4

(3) ［＋主格；＋時制］の成員

　　A. 具体物（Concrete Entities）
　　　黴、かぶれ、掠れ、括れ、腐れ、焦げ、ささくれ、錆、染み、ずれ、爛れ、縮れ、流れ、なだれ、捻れ、禿、腫れ、綻び、震え、ぶれ、解れ、乱れ、縺れ、蔓れ、揺れ、捩れ、汚れ

　　B. 抽象物（Abstract Entities）
　　　飽き、憧れ、諦め、甘え、苛め、戒め、訴え、遅れ、押さえ、教え、怖気、脅え、覚え、落ち、衰え、構え、借り、考え、悔い、穢れ、拗れ、心得、答え、支え、定め、痺れ、しつけ、調べ、備え、蓄え、助け、例え、咎め、疲れ、付け、勤め、照れ、馴れ、だれ、抜け、のぼせ、外れ、惚け、控え、負け、まとめ、真似、儲け、漏れ、別れ*5

多少の変動はあるかもしれないが、基本的に上記の語基が［＋主格；＋時制］の類に属する日本語の全てである。ここには明らかに意味的制約がある。［＋主格；－時制］の成員と同様に主格の接尾辞と結合できるにも拘わらず、私達の日常生活とは切り離せない食物、衣類、家具等人工物を指示する語基は皆無であり、また自然物の中でも、自然界に元来存在している動物や木、花等の植物、天体等を指示する語基は含まれていない。親族関係、季節等の抽象物を

指示する語基もない。また、この類の成員は［－主格；＋時制］の成員同様、時制の「-る／-た」と結合できるにも拘わらず、身体的行為を指示する語基は皆無である。明らかに［＋主格；－時制］類の成員とも［－主格；＋時制］類の成員とも異なるということである。これらいずれの類の成員とも区別されたこの類の成員の指示対象とはどのような存在なのだろうか。以下、具体物と抽象物に分けて考察する。

2.2 ［＋主格；＋時制］の指示対象
2.2.1 具体物
● 状態変化の結果産物

ここでは［＋主格；＋時制］類の成員の指示対象である具体物が通常は存在しない状態変化の結果産物であることを、「錆」と「黴」を代表例として述べる。

前述のように、［＋主格；＋時制］の類には人工物を指示する成員は存在しないが、自然物を指示する成員は存在する。注目の「錆」や「黴」の指示対象も自然物である。第2章4節で述べたように「錆」は塵埃等に分類される自然物、「黴」は菌類の植物である。しかし、その存在の仕方は、［＋主格；－時制］の語の指示する自然物と異なる。例えば、「石」や「塵」等の自然物は、自然界に自然に存在しているが、「錆」はそうではない。前述の例や下記の例が示すように、［＋主格；－時制］の成員の指示する「鍋／自転車／刀／鋏」等ある種の人工物を場として存在する。

(4) 鍋／自転車／刀／鋏-に　錆-が　つい-た

そして「錆」の存在には、実験等の特別な場合を除いて、人の意志行為は関わらない。また、「手、足、指」等のように動物の諸部分として当然のものとして実体に内属している存在とも異なる。「錆」は「鍋」や「自転車」等の人工物に、当然のものとして常に存在しているわけではなく、本来ならないものである。しかし、存在の場となる「鍋」等の材料としての「鉄」に状態変化が起こった時に、初めて存在するようになる。この時の状態変化が「錆びる」という現象であり、化学的には、水の存在下で鉄のイオン化が起こり、一

定の段階を経て最終的に酸化鉄（Fe_2O_3）、つまり、「錆」ができる迄の化学変化を指す。詳細は第2章4節で述べたように、以下の通りである。

(5) (i) 鉄（Fe）表面がイオン化して、2価の鉄イオンが溶け出、下記のように化学反応が起こる。

Fe ──> Fe^{2+}（2価の鉄イオン）+ $2e^-$（余った電子）

(ii) 上記の余った電子と水分子及び空気中の酸素との間で、次のように水酸化物イオンができる。

H_2O（水分子）+ O_2（空気中の酸素）+ e^- ──> OH^-（水酸化物イオン）

(iii) (i) と (ii) の反応が隣り合って起こり、2価鉄の水酸化物が次のように副次的にできる。

Fe^{2+} + $2OH^-$ ──> $Fe(OH)_2$（2価鉄の水酸化物）

(iv) この2価鉄の水酸化物が空気中の酸素で酸化されて酸化鉄、つまり、錆（Fe_2O_3）ができる。

換言すると、「錆びる」という現象は「萎(しぼ)む」、「濡れる」、「乾く」等の単なる状態変化とは異なり、酸化鉄（Fe_2O_3）、即ち「錆」の存在を前提としているのである。「錆」（Fe_2O_3）が状態変化の最終段階で結果産物として生成されて初めて、「錆びる」という現象が存在するのであって、「錆」が生成されなければ「錆びる」は存在しない。また、「錆びる」が存在しなければ「錆」は存在しない。従って、化学現象という観点からは、「錆」と「錆びる」とは、同一の存在を異なる観点から捉えたものに過ぎず、両者を「実体」と「属性」のように異なる存在として互いに切り離したり対比させたりすることはできないのである。

「錆」と同様のことが「黴」にも言える。「黴」は「飲食物、衣類、家具、雑誌」等人間の生活と関係深く、日常見られる様々なものに存在する。「錆」の場合と異なり、人工物のみならず、「みかん、きゅうり」等自然物にも存在する。しかし、「黴」の存在の場となるのは、「錆」の場合と同様に［＋主格；－時制］の特徴を持つ語基の指示対象としての具体物である。そして「黴」もまた、場となるものに当然のものとして常に存在しているわけではない。黴は普段

は肉眼で見ることのできない空中の黴胞子が、一定の温度と湿度の条件下で、栄養源のあるところに発芽した微生物の集落である（宮地誠 2001 他参照）。つまり、一定の条件下で、「黴」胞子の標的となった場となる物に「黴びる」という予期せぬ現象が起こった時に、その結果産物として「黴」が必然的に存在するようになるのである。換言すると、黴胞子が発芽した微生物の集落、つまり、「黴」が存在しない限り、「黴びる」という現象は存在しない。従って、「黴」と「黴びる」とは、同一の存在を違う観点から捉えたものに過ぎず、互いに異なる存在として捉えることのできないものである。同様のことが、「ささくれる」の必然的結果産物として爪際の皮膚や畳等にできる「ささくれ」等、(3A)［＋主格；＋時制］に挙げた成員の指示対象としての具体物全てに言える。(6)はそれらが存在する場を例示したものである。

(6) （指・畳の）ささくれ、（大根・りんごの）腐れ、（肌・皮膚の）かぶれ、（文字・プリント・声の）掠れ、（手首・腰の）括れ、（ご飯・煮物・クッキーの）焦げ、（シャツ・壁の）染み、（印刷・地層の）ずれ、（耳たぶ・皮膚の）爛れ、（葉・布・髪の）縮れ、（木・電話線の）捻れ、（頭・漆器の）はげ、（文字・髪の）乱れ、（鬢・シャツの袖の）解れ、（顔・指・足首の）腫れ、（シャツ・ズボンの）ほころび、（体・手の）震え、（髪の毛・釣り糸・毛糸の）縺れ、（洋服・紙の）汚れ、（枝・建物・電線の）揺れ、（雪山の）なだれ、（写真を撮る手・カメラの）ぶれ、（眼元・顔の）やつれ、（水・空気・テレビ等の画面の）流れ、（コード・帯・腹の皮の）捩れ

以上、［＋主格；＋時制］類の成員の指示対象としての実在存在の特徴について述べた。後で取り上げる抽象物を別にして、以下のように一般化することができる。

(7) (i) 当然のものとして常に存在するわけではなく、本来ならないものである。

(ii) 人間の意志とは関わりなく、［＋主格；－時制］の語彙要素「語基」の指示する具体物に状態変化が起こった

際に、結果産物として必然的に存在するようになるものである。

上記の特徴は、多くの語基をこの類の成員となることから排除する。例えば、(7)(i)により、「にきび」はこの類の成員とはならない。「にきび」は人間の成長過程で起こる当然の存在として予期されるものだからである。人間が成長し死ぬまでの間に当然起こると考えられる「病」にも同じことが言える。(7)(ii)により、「傷」もこの類には属さない。「傷」は柴田武・山田進(2002：1079)にあるように、「物の表面や皮膚等が他のもののせいで損なわれた部分、多く切ったり刺したりしてできたもの」であり、時として人の意志行為が関わる広い意味での人工物であり、予期される存在である。従って「錆」等とは異なる。「傷」と同様のことが「ひび・へこみ」等にも言える。また、「膿（うみ）」のように内面的に存在し、可視的でないものもこの類の成員とはならない。

以上、注目の指示対象の特徴について述べたが、ここで一つ疑問が生ずる。つまり、(7)に挙げた特徴を持つ存在を指示する語基が、[＋主格；＋時制] 以外の類には存在しないのかという疑問である。答えは「ノー」である。

● 類義語について

実際、(7)に示された特徴と類似した特徴を持つ存在を指示する語基は他の類にも存在する。しかし、[＋主格；＋時制] の成員の指示対象とは区別される。例えば、柴田武・山田進(2002：1017)によると、「縺（もつ）れ」及び「縺（もつ）れる」には以下の類義語がある。

(8) 「縺れ」の類義語

　　絡（から）み、絡（から）み合い、縺（もつ）れ、拗（こじ）れ、乱麻、盤根錯節、繁簡

　　「縺（もつ）れる」の類義語

　　絡（から）まる、絡（から）む、絡（から）み合う、込み入る、入り組む、入り交じる、交錯する、錯雑する、錯綜する、纏綿（てんめん）する、縺（もつ）れる、縺れ込む、こんがらがる、紛糾する、拗（こじ）れる、手が込む

後述する「縺（もつ）れ、縺（もつ）れる」の指示する抽象物と同じものを指示する「拗（こじ）れ、拗（こじ）れる」を除いて、これらの類義語と [＋主格；＋時制]

の特徴を持つ「縺れ」、「縺れる」との間には明確な違いがある。まず、「乱麻」、「盤根錯節」、「繁簡」、及び「交錯する」、「錯雑する」、「錯綜する」、「纏綿する」、「紛糾する」であるが、これらはいずれも漢語であり、日本語に固有の大和言葉である和語ではない。また、「絡み合い」及び「絡み合う」、「込み入る」、「入り組む」、「入り交じる」、「縺れ込む」、「手が込む」は合成語であり、日本語の基礎をなすとされ、本書が分析の対象としている「縺れ、縺れる」のような単純語基で構成されていない。「絡む」と「絡まる」であるが、これらも当該の語基とは異なる。柴田武他（1979：204）にあるように、「絡む」と「絡まる」は「縺れ」、「縺れる」のように、ある一つの物体それ自体に起こる状態変化ではなく、下記の例の「タコ糸」と「電線」の場合のように、二つ以上の物が関わって起こる現象を指示する。

(9) タコ糸が　電線に　絡まった。

従って、これらは「縺れ、縺れる」とは区別される。残りの、「絡み」と「こんがらがる」も、「絡む」、「絡まる」と同じ特徴を持ち、従って、「縺れ、縺れる」と区別される。以上のことを基に、［＋時制；＋主格］類の成員のみが、(7)に挙げた特徴を満たす存在を指示すると言える。

2.2.2 抽象物

［＋主格；＋時制］の成員の指示対象としての抽象物に関しては、(7)に挙げた具体物の特徴に多少の補足を加える必要がある。これらは、以下に示すようにものを指示するものと行為（とりわけ精神的行為）の概念を指示するものに二大別でき、ものは更に状態変化の結果産物と精神的行為の結果産物に下位区分できる。

(10) 抽象物（［＋主格；＋時制］）

　　(i) もの

　　　A. 状態変化の結果産物
　　　　拗れ、痺れ、惚け、穢れ、疲れ、だれ、遅れ、漏れ、抜け、落ち、照れ、怖気、脅え、衰え、飽き、馴れ、のぼせ、負け、外れ

B.　精神的行為の結果産物
　　　　　借り、控え、付け、蓄え、儲け、備え、心得、考え、構え、答え、まとめ、覚え、教え、しつけ、定め、戒め、例え、咎め、訴え、諦め、悔い、真似
　　(ii)　精神的行為の概念
　　　　　苛め、憧れ、押さえ、支え、調べ、勤め、助け、甘え、別れ

前述したように、主格の「−が」と結合できる［＋主格；−時制］の類には「春」等の季節や「右」等の空間等の抽象物を指示する語基が含まれているが、ここには含まれていない。上記の抽象物に固有の特徴とはどのようなものだろうか。

● 状態変化の結果産物

　最初に、(10)(i-A)に挙げた［＋主格；＋時制］の成員の指示対象としての状態変化の結果産物について考察する。具体物の場合同様、状態変化の結果産物である抽象物も一般的な日常の感覚から言って迷惑で困るものばかりであるが、これらには(7)に挙げた具体物の特徴がそのまま適用できる。前述の具体物を指示する「縺れ」は、「感情の縺れ」に見られるように状態変化の結果産物としての抽象物も指示し、(10)(i-A)に挙げた「拗れ」の指示対象としての抽象物と類似していることがこのことを示している。実際、「拗れ」も「感情の縺れ」と同義で「感情の拗れ」のように用いられる。他の状態変化の結果産物に関しても、前節で述べた具体物「錆」等と同じことが言える。例えば、「足の痺れ」に見られる「痺れ」であるが、通常は存在しないものである。しかし、長く座る等の一定の条件下で、「痺れる」という現象が起こり、その結果産物として、予期せぬ「痺れ」が［＋主格；−時制］の成員の指示対象である「足」等に持続的継続的に存在するようになる。「惚け」、「疲れ」等他の指示対象も同様に捉えることができる。

● 精神的行為の結果産物

　次に、(10)(i-B)に挙げた精神的行為の結果産物であるが、こ

れらは人の意志が関わるという点で、状態変化の結果産物である「錆」等の具体物や、「痺れ」等の抽象物と異なる。「錆」や「痺れ」等状態変化の結果産物は、一般的な日常感覚から言って迷惑で困るものばかりであるが、この場合はそうとは限らない。例えば、「借り」や「付け」はそれぞれ「借りる」や「付ける」という行為の結果産物として存在するようになるもので通常の感覚から言って望ましくないものであるが、「儲ける」という行為の結果産物として存在する「儲け」や「蓄える」の結果産物としての「蓄え」、そして「控える」の結果産物としての「控え」等の存在は、将来のためにも望ましい。しかし、これらも元来存在している訳でなく、従って常に存在するわけではない。努力する等の一定の条件下で初めて存在するようになるものである。［＋主格；＋時制］の類以外の類にも、これら精神的行為の結果産物と類似するものを指示する語基は存在するが、やはり違いがある。例えば、柴田武・山田進編（2002：652-653）によると、「借り」及び「借りる」の類義語には以下のようなものがある。

(11)「借り」の類義語

<u>借り</u>、借金、借銭、ローン、負債、旧債、借り物、借り着、傭船(ようせん)、チャーター船、チャーター機、借字、借用語、借り賃、借料、使用料、損料、家賃、部屋代、間代、借地料、地代

「借りる」の類義語

<u>借りる</u>、借用する、拝借する、借り受ける、借り切る、又借りする、転借する、借り出す、賃借りする、賃借する、借り入れる、借り上げる、チャーターする、借金する、借財する、前借りする、先借りする、前借(ぜんしゃく)する、内借りする、寸借りする、寸借する、間借りする、店借りする、借家する、借地する、租借する、借り換える

しかし、これらの類義語は全て、「ローン」のような借用語か、あるいは「借り受ける」のような合成語かのいずれかである。つまり、本書の分析対象としている日本語に基本的な和語の単純語基ではな

い。

● 精神的行為の概念

最後に、(10)(ii)に挙げた精神的行為の概念であるが、上に述べた状態変化及び精神的行為の結果産物と同じ特徴を持つ。つまり、日常生活において当然のものとして通常存在するか予期されるものとは見なされないものであるが、一旦存在するようになると継続的持続的に存在するものである。例えば、「苛める」は「弱い者をわざと苦しめて快感を覚える」(柴田武・山田進編 2002：161)行為を指すが、「苛め」に関し、金田一京助他編(2002：16)は「<u>社会問題</u>としての「いじめ」は、学校で、特定の児童・生徒が<u>仲間から疎外</u>され、心身に苦痛を受けることを指す」(下線は筆者)と述べている。つまり、「苛め」は教育の場である学校等の集団生活においてあってはならない仲間からの行為と考えられているということである。しかし、一旦起こると、繰り返し起こり継続的、持続的に存在するようになる。類義語に〔−主格；＋時制〕の特徴を持つ「いびる」がある(柴田武・山田進編 2002：161)が、やはり「苛め」とは異なる。「いびる」は「嫁をいびる」等うき世の常、人間の性として、常に家庭内で起りうる予期されるものと捉えられ、学校等の集団生活の現場における共に学ぶ仲間からの疎外による「苛め」とは異なる。「しいたげる」等も「いびる」と同じである。

● 〔＋主格；＋時制〕の指示対象　まとめ

以上、具体物としての状態変化の結果産物をはじめ、抽象物としての状態変化の結果産物、精神的行為の結果産物及び精神的行為の概念の特徴について述べた。これを基に〔＋主格；＋時制〕類の成員の指示対象について、以下のようにまとめることができる。

(12)〔＋主格；＋時制〕の語基は、具体物、抽象物、あるいは精神的行為の概念を指示する。それらは全て、当然のものとして常に存在する訳ではないか、予期されないものであるが、一旦存在すると持続的で時間的に安定して存在する。当然、状態変化の結果産物としての具体物や抽象物には、

人間の意志は関わらない。

このように、主格及び時制を表わす両接尾辞と結合可能な語基は、古代ギリシャの哲学者による「実体」と「属性」という存在論上の区分（第2章参照）に対応させることのできない、通常存在するものや予期されるものとは区別された存在を指示しており、それ故に［＋主格；－時制］や［－主格；＋時制］の類の成員と明確に区別されているのである。つまり、「名詞」と「動詞」という伝統の二分法と対立する「錆」や「黴」等の語彙項目は、「転成名詞」ではないということであり、意味的に裏付けされているということである。

2.3 ［＋主格；＋時制］の成員の文中における用法

［＋主格；＋時制］類の成員は、文構成においてどのように用いられるのだろうか。第4章で定義したように、単語は高い部分'high pitch'の一つ起こるピッチ単位であり、語基を土台として接尾辞が結合して構成されている。つまり、どの単語も語彙要素である語基を必ず含み、実在世界に指示対象を有している。文はこの単語を成分として形成される。ここでは、［＋主格；＋時制］の成員である具体物を指示する「錆」、及び、抽象物を指示する「借り」を代表例として、これらの文中における機能と意味論及び形態論的特徴との相関について考察し、語類の本質解明に繋げる。

● 具体物を指示する「錆」

本章の2.2節で、「錆」が状態変化「錆びる」の必然的結果産物であり、「錆」と「錆びる」とは、同一の存在を異なる観点から捉えたものにすぎないことを述べた。前述のように語基「錆」は文中で、下記の例文（13a）に示されているように、主格の接尾辞「-が」と結合して主語として用いられ、また、（13b）のように時制の接尾辞「-た」と結合して述語としても用いられる。

(13) a.　自転車-に　<u>錆-が</u>　つい-た
　　　b.　自転車-が　<u>錆び-た</u>

例文（13a）と（13b）とは、基本的に同じ事態を表わし、同じ真

理値を持つ。つまり、事実と照らして、(13a) が真であれば、(13b) もまた真である。しかし、両者の焦点は異なる。(13a) の場合は、「錆びる」という状態変化の結果産物としての「錆」自体に焦点がある。一方、(13b) の場合は「錆びる」という状態変化そのものに焦点がある。つまり、「錆-が」も「錆び-る」も同一の存在を指示し、語彙的な意味は同じであるが、当該事象を表現し判断する話者の思考次第で、焦点が状態変化の結果産物にある場合には、「錆」は主格の接尾辞「-が」と結合し、文中で主語として用いられ、状態変化自体に焦点がある場合には、時制の「-る（非過去）／-た（過去）」と結合して、述語として用いられるのである。

　このことの意味することは大きい。第一に、語の統語論的な側面と形態論的な側面との関係であるが、一般に両者間に対応関係があるとされ、範疇間の成員を区別するとされている。特に主格及び時制の接尾辞は、それぞれ主語となる「名詞」と述語となる「動詞」とを区別する形態論的特徴とされ、主要な統語論的機能に照応しているというのが通説である。従って、名詞は主格の「-が」と結合して主語となるが、時制の「-る／-た」とは結合しない。動詞は主格の「-が」とは結合しないが、時制の「-る／-た」と結合して述語になるということである。しかし、上に見たように、主格の「-が」とも時制の「-る／-た」とも結合する［＋主格；＋時制］の成員は文中で主語にも述語にもなる。更に、下記の 3.2.3 節で述べるように主格の接尾辞とも時制の接尾辞とも結合しない［－主格；－時制］類の成員である形容動詞も述語になる。しかし、同じく［－主格；－時制］の特徴をもつ副詞はならない。つまり、名詞と動詞を典型的に区別するとされる主語と述語の区別が、主格と時制との結合性という形態論的特徴に対応しているわけではないのである。以下は語の統語論的機能と形態論的特徴の関係をまとめたものである。

(14)a.　主語
　　　　［＋主格；＋時制］
　　　　［＋主格；－時制］
(14)b.　述語

　　　　　　［＋主格；＋時制］
　　　　　　［－主格；＋時制］
　　　　　　［－主格；－時制］（但し、副詞は除く。）
従って、従来の通説のように、単語の形態論的な特徴は統語論的な役割に照応して従属的だとは必ずしも言えず、統語関係を文法の中心として語の形態論的秩序を支配する一部の文法学の意味も曖昧になる。

　同様のことが、統語論的な側面と意味論的側面との関係についても言える。第2章2節で詳述したように、アリストテレスは実在世界の構造は言葉の構造に反映しているとし、文中の主語的表現「オノマ」と述語的表現「レーマ」という言語上の二区分を「実体」とその「属性」という存在論上の二区分と対応させて、「$\overset{オノマ}{ονομα}\cdot\overset{レーマ}{ρημα}$＝主語・述語＝実体・属性」という関係を導き出した。つまり、文中の主語と述語という機能とその語の実在世界との関係（即ち、意味論的特徴）の間に相関があると考えたのである。アリストテレスのこの見解は、第4章1節で紹介した仁田義雄（1997a, b；2000）、鈴木重幸（1996）、奥田靖雄（1984）、村木新次郎（1996；2010）等にも見られるように基本的に現代文法にも通じており、またR. M. W. Dixon（2004）に見られるように日本語のみならず世界の諸言語にも広く受け入れられている。従って、「名詞」は典型的に具体物を指示し主語になり、「動詞」は典型的に動きを指示し述語になるとして意味と統語論的機能との相関性が基本的に受け入れられている。しかし、焦点は異なるが同じ事態を表わし同じ真理値を持つ上記の例文（13a）と（13b）はこの見解に明らかに疑義を呈している。（13a）の主語「錆-が」と（13b）の述語「錆び-た」は、文中の機能は異なるが、実在世界における指示対象は先述したように同一の存在なのである（6章2.2.1節〈状態変化の結果産物〉参照）。従って、文中の用法を基にその語の実在世界との関わり（つまり、意味論的特徴）は予測できないということであり、アリストテレスの求めた存在論的帰結も引き出せないということになる。また、語の意味論的側面からも文中の機能は予測できない。文を離れて孤立した個々の語が実在世界とどのように関

わっているかということと、それらが文構成において話者によってどのように用いられるかということとは、全く別のことだからである。

　以上、範疇間の成員の区別をするとされている語の統語論的機能と意味論、形態論的特徴との間にあるとされる相互依存的関係が、日本語には適用できないことを示した。結果として、「単語が構文論的な構造から自由であるはずがない」（奥田靖雄 1984：46）という見方とは対照的に、宮岡伯人（2002）にあるように、単語の言語単位としての独自性が示唆され、語の分類に重要とされている統語論的特徴の意味も曖昧なものとなる。

● 抽象物を指示する「借り」
　精神的行為の結果産物を指示する「借り」にも、具体物を指示する「錆」の場合と同様のことが言える。次の例文を見てみよう。
　（15）a. 　伊藤さん-に　一万円　借り-た。
　　　 b. 　伊藤さん-に　一万円　借り-が　ある。
「借り-た」という単語を含む例文（15a）と「借り-が」という単語を含む例文（15b）とは基本的に同じ事象を表し、同じ真理値を持つ。しかし、焦点に違いがある。（15a）では、「借りる」という行為それ自体に焦点がある。一方、（15b）では、「借りる」という行為の必然的結果産物として存在するようになる「借り」に焦点がある。つまり、同一の存在を指示してはいるが、焦点の違いにより、「借り」は主格の「-が」と結合して主語として用いられたり、時制の「-る／-た」と結合して述語として用いられたりするということである。従って、具体物を指示する「錆」等の場合と同様のことが抽象物を指示する語においても言えるということである。

　以上、［＋主格；＋時制］類の成員の文中における用法を通して、単語の統語論的機能からは文を離れて持つ単語自体の特徴は予測できないことが明らかになり、単語の言語単位としての自律性も示唆された。結局、範疇論の原理の最初の人とされるアリストテレスによる文中の機能を基にした「$\overset{\text{オノマ}}{\text{ονομα}} \cdot \overset{\text{レーマ}}{\text{ρημα}}$＝主語・述語＝実体・属性」、つまり、現代文法において基本的に受け入れられている

「名詞・動詞＝主語・述語＝物・行為」の二分法にどれほどの意味があるのかが疑問となる。

3. ［−主格；−時制］の類

　伝統の二分法に疑問を呈しているのは、［＋主格；＋時制］の類のみではない。主格を表わす接尾辞とも時制を表す接尾辞とも結合できない［−主格；−時制］の類もまた、疑問を呈している。このグループには、副詞のみならず状態や性質等の属性を表わすいわゆる形容動詞（ナ-形容詞）も含まれる。*6 形容詞（イ-形容詞）も属性を表わすが、これらは第5章4節（(26) 参照）で示したように提案の語基類の四区分では、通称「動詞」の多くと同様に［−主格；＋時制］の類に属し、この意味ではアリストテレスの見解と一致する。しかし、［−主格；−時制］類に所属する形容動詞は明らかに対立している。何故なのだろうか。ここではこれらの指示対象の特徴を考察することで意味論的特徴を明らかにする。また、文中の用法についても議論し、語類の本質解明に繋げる。以下、最初に副詞について述べ、次に形容動詞について述べる。

3.1　副詞
　第2章で述べたようにアリストテレスは、副詞を「オノマ」及び「レーマ」と区別し、『命題論』（*On Interpretation*）では議論の対象から除外した。つまり、真偽の関わる命題文の構成要素として取り扱わなかったのである。現代文法においても、第1章2.4節で紹介したように副詞は、名詞や動詞とは区別され、主要な品詞と見なされないことがある。しかし、本書の語類体系ではこれらは［−主格；−時制］類の成員として、「鳥」や「食べ-」等と同様に実質的意味概念を有する「主要語基類」の一つに位置づけられる。
　但し、副詞に関しては他の類の語基と異なり分類対象の厳選が必要である。中には客観的事実と関わる命題文の構成要素とはならないものもあるからである。副詞は一般に、動詞や形容詞等単独で述語となる語を修飾するとされているが、日本語では通常、「情態副

詞」、「程度副詞」、「陳述副詞」の三つに下位区分される（山田孝雄 1936）。しかし、このうち陳述副詞は「上の二種『情態副詞、程度副詞』と全く性質を異にする」（同上 p. 388）とし、「陳述副詞を副詞とは別の品詞としてとりたてる」（鈴木重幸 1996：83）とするのが一般的である。寺村秀夫他編（1987：96）も「情態副詞・程度副詞の修飾がことがら的意味に関するものであるのに対し、陳述副詞による修飾はいわば述語の陳述的な意味に焦点を当て、それによって陳述の様相を顕現化させるものであるといえる。従って、一般には、陳述副詞の存否は文のことがら的意味*7には関与しないと考えられている」と述べている。例えば、「きっと、雨が降るだろう」の「きっと」が陳述副詞である。他に「必ず、たぶん、おそらく、どうやら、どうも、もし、ぜひ…」等があげられる。本書では目的に合わせ、話者の心的態度を表わす陳述副詞を、議論の対象から省き、行為や状態の様態及び程度を指示する副詞を分析の対象とする。以下の（16）は和語から抽出した例である。なお、副詞には、「寒-く」、「真面目-に」のように、いわゆる「形容詞」や「形容動詞」の語基に「-く」や「-に」が結合して派生するものが多い。しかし、本書ではこのように派生して構成された副詞は考察対象には含めない。

　（16）行為や状態の様態：
　　　　すぐ、もう、ゆっくり、ゆったり、のんびり、きっちり、ぎっしり、ぼんやり、はっきり、しっかり、きっぱり、ころり、ぽっくり、ぐっすり、べっとり、すっきり、すっかり、ばっさり、じっくり、ようやく、がたん、ぱたり、ちらり…
　　　行為や状態の程度／頻度：
　　　　少し、全て、とても、ちょっと、ほぼ、やや、たくさん、どっさり、すっかり、かなり、わずか、はるか*8、ずっと、全く、もっと、およそ…

行為や状態の様態及び程度は実体の属性の属性であり（James Harris 1751：241；村上三寿 2010：12-13 他参照）、時間的に安定した持続的な存在である。従って、実体とも、また、実体の属性

とも異なる。このような存在に、主格の接尾辞とも時制の接尾辞とも結合しない［−主格；−時制］の副詞が対応しているのである。文中ではこれらは、主語にも述語にもならない。下記の例にあるように、述語の修飾語として用いられる。

　（17）太郎-は　ゆっくり　歩い-た。
　（18）この　本-は　とても　高-い。

例文（17）における「ゆっくり」は、述語「歩い-た」の様態を表す修飾語として用いられており、例文（18）における「とても」は、述語「高-い」の程度を表わす語として用いられている。そして、第2章4節でも既に述べたように、副詞もまた、真偽の関わる命題文の重要な構成要素である。実際、「太郎」が「さっさと」歩けば（17）の文は偽であり、「本」が「少し」だけ高ければ（18）の文も偽である。換言すると、文中で主語となる要素「オノマ」と述語となる要素「レーマ」だけが実在世界と関わっているわけではなく、これらを基に実在世界の構造を予測することはできないのである。上記の2節で述べた［＋主格；＋時制］の成員の場合は、伝統の「実体」と「属性」のように分けることの出来ない特殊な存在を指示し、文中では主語にも述語にもなる。副詞はこれらとは対照的に、「実体」とも「属性」とも異なるものとして区別された存在を指示し、文中では主語にも述語にもならないのである。しかし、文の真理値と関わる。この意味において副詞もまた［−主格；−時制］類の成員として語類体系において確かな位置が保障され、通称「主要品詞」と呼ばれる他の類の語彙要素と同等のレベルに並べられている。

3.2 「形容動詞」（ナ-形容詞）

　副詞の所属する［−主格；−時制］の類に、いわゆる「形容動詞」も所属する。

　第2章で述べたように、アリストテレスの二分法によると、属性を指示する語彙要素は、形容動詞（ナ-形容詞）も形容詞（イ-形容詞）も共に「レーマ」（即ち、述語的表現、述べ言葉、「動詞」）である。しかし、本書の四区分では、形容動詞は名詞のみならず動詞

や形容詞とも異なる範疇に分類される。形容詞は既述のように、いわゆる「動詞」の多くと同じ［−主格；＋時制］の類に属するが、形容動詞は主格とも時制の接尾辞とも結合できず、［−主格；−時制］の類に属する。「レーマ」及び「属性」が時と一体化しているとしたアリストテレスの観点からも現代日本語文法の観点からも興味深い。第1章2.4節で紹介したように、形容動詞の日本語における品詞体系上の位置づけは学者間で共通の理解が得られていないが、少なくとも意味的には性質・状態・感情等の属性を表わすとして形式上異なる形容詞（イ−形容詞）と同じであるというのが大方の見方である（西尾寅弥1972；Backhouse 1984；仁田義雄2000；八亀裕美2008他）。*9

しかし本書は、形式と意味とは互いに対応していると考える。語類体系において異なる範疇として区分される形容動詞と形容詞の形式上の違いは、上記のように、時制の接尾辞との結合性の有無に集約される。従って、ここでは形容動詞が時制の接尾辞と結合できないという点に注目し、時制と結合できる形容詞との比較において指示対象の存在としての特徴を解明する。*10 また、文中の用法を通して語類の区別と時制との関わりについても考察する。

3.2.1 「形容動詞」の成員

最初に、［−主格；−時制］の特徴を持つ形容動詞（ナ−形容詞）の成員を明らかにする。時制の「−い／−かった」と結合できる形容詞（イ−形容詞）は、基本的に和語のみから構成されており、外来語等他の語が追加されることのない閉じた類（closed-class）の要素である（R. M. W. Dixon 1977：48；2004：35；上原聡2002：95他参照）。従って、その成員を抽出するのはさほど難しくない。しかし、形容動詞は異なる。和語のみから構成されているわけではなく、分析対象を定めるのはそう簡単ではない。例えば、「きれい」、「広大」、「結構」、「ロマンチック」、「クール」等は借用語であり、「色々」等は畳語、「真っ赤」や（「静−まる」等から明らかなように）「静−か」等は派生語であり、注目の和語系の、しかも単純語基は非常に少ないとされている（森岡健二1994：176）。更に、第1

章2.4節でも述べたように、和語の単純語基の中には、形容動詞と同様に［−主格；−時制］の特徴を持ち、「程度」を表わすにも拘わらず、統語論的にも形態論的にも形容動詞と同じ特徴を持つと見なされるものが存在する。例えば、「わずか」や「かなり」は、「わずか-な 金」、「かなり-な 金額」のように、「-な」と共起して名詞の修飾語となる。また、文中で述語となる際も、「(残りは) わずか-だ／-だった」や「(彼女の強情さは) かなり-だ」のように断定を表わす「-だ／-だった」と共起する。従って、このような語彙要素はしばしば、副詞であると同時に形容動詞でもあると見なされる。しかし、「わずか」や「かなり」等が表わすのは「程度」である。この意味論的特徴を基に、本書では「わずか」、「かなり」等は、形容動詞と同様に［−主格；−時制］類のメンバーではあるが、副詞として扱い、下記の形容動詞の意味論的議論には含めない。結局、ここで分析対象とする「形容動詞」とは、意味的に、ものの状態や性質等の属性を表す（アリストテレスの伝統では「レーマ」に属する）要素で、時制を表わす「-い／-かった」と結合できない和語系の単純語基である。*11 以下は成員の例である。

(19)［−主格；−時制］（形容動詞）
　　真面目、やんちゃ、ほがらか、せっかち、素直、みごと、ちゃち、でたらめ、はで、おろか、平ら、いびつ、好き、嫌い…

3.2.2 「形容動詞」の指示対象
● R. M. W. Dixon による言語普遍的な意味タイプ

形容動詞の意味論的特徴を明らかにするに当たり、R. M. W Dixon（1977）による言語普遍的とされる意味タイプについて概述する。R. M. W. Dixon は、意味論は統語論に優先するという見地から、"Where have all the adjectives gone?" の中で、英語の adjectives に見られる以下の七種類を言語に普遍的な意味タイプとして提示している。① DIMENSION（寸法・次元：「大きい、長い、広い、厚い」等の物が空間に占める寸法・次元）、② PHYSICAL PROPERTY（物体の性質：「重い、熱い」等）、③ SPEED（速度：

「速い、遅い」等）、④ AGE（年齢：「新しい、若い」等）、⑤ COLOUR（色：「赤い、白い」等）、⑥ VALUE（評価：「いい、悪い」等）、⑦ HUMAN PROPENSITY（人の性癖：「真面目、嬉しい」等）である。但し、HUMAN PROPENSITY には、human propensity（人の性癖）そのものの他に、human feeling（人の感覚・感情）や human character（人の性格）も含まれている。しかし、「真面目」等の human character（人の性格）は、持続的で、時間的に安定したものであり、一時的、偶発的な human feeling（人の感覚・感情）等の属性と区別できる。このことを念頭に、日本語における「形容動詞」の意味論的特徴を指示対象の存在としての特徴を分析して明らかにする。

● 「形容動詞」の指示対象 「形容詞」との比較において

最初に形容詞（イ–形容詞）の表わす意味タイプについて明らかにし、焦点の形容動詞（ナ–形容詞）の議論へと繋げる。形容詞は A. E. Backhouse（1984）にもあるように、human character（人の性格）を別にすると、R. M. W. Dixon の挙げる七つの意味タイプ全てに分布している。下記の（20）は意味タイプ別の例を挙げたものである。

(20)「形容詞」（イ–形容詞）の意味領域
　① DIMENSION（寸法・次元）
　　　長-（い）、短-（い）、大き-（い）、小さ-（い）、広-（い）、狭-（い）、厚-（い）、薄-（い）、高-（い）、低-（い）、深-（い）、浅-（い）、…
　② PHYSICAL PROPERTY（物体の性質）
　　　重-（い）、軽-（い）、熱-（い）、冷た-（い）、硬-（い）、粗-（い）、…
　③ SPEED（速度）
　　　早-（い）、遅-（い）、とろ-（い）、のろ-（い）、…
　④ AGE（年齢）
　　　新し-（い）、古-（い）、若-（い）、幼-（い）、…
　⑤ COLOUR（色）

　　　　　赤-（い）、青-（い）、黒-（い）、白-（い）
　⑥　VALUE（評価）
　　　　　よ-（い）、悪-（い）、まず-（い）、おいし-（い）、うま-（い）、難し-（い）、易し-（い）、すばらし-（い）、…
　⑦　HUMAN PROPENSITY（人の性癖）
　　　・feeling「感覚・感情」
　　　　　嬉し-（い）、悲し-（い）、恥ずかし-（い）、うらやまし-（い）、寂し-（い）、悔し-（い）、憎-（い）、苦し-（い）、つら-（い）、可笑し-（い）、怖-（い）、恐ろし-（い）、眠-（い）、…
　　　・human propensity「性癖そのもの」
　　　　　賢-（い）、ずる-（い）、おとなし-（い）、むご-（い）、きびし-（い）、明る-（い）、めめし-（い）、…

　一方、形容動詞は、DIMENSION（寸法・次元）に含まれる「広大」、COLOUR（色）に含まれる「深紅」等の漢語や、「真っ白」、「ひ弱」等の派生語も含めると、意味領域は多岐に渡る。しかし、和語の単純語基に着目すると非常に限られており、基本的に二つの領域に集中している。human character（人の性格）とVALUE（評価）である。そして、その大多数は「形容詞」には存在しない意味領域 human character（人の性格）を指示している。下記の（21）はこれらの例を挙げたものである。

(21)「形容動詞」（ナ-形容詞）の意味領域
　①　HUMAN PROPENSITY（人の性癖）
　　　・human character（人の性格）
　　　　　真面目、内気、かたくな、やんちゃ、ほがらか、せっかち、素直、おせっかい、おっちょこちょい、勝手、したたか、我儘、…
　②　VALUE（評価）
　　　　　みごと、まとも、ちゃち、でたらめ、とんちんかん、…

　最初に、human character（人の性格）であるが、第2章でも概述したように、「属性」（『範疇論』第5章）である。しかし、「食べ-（る）」等の行為や「若-（い）」等の属性と異なり、瞬間的あるい

は偶有的な存在ではない。人の性格は「三つ子の魂百までも」と言われるように、普通はその人の誕生あるいは幼児期以来持続するものであり、基本的に一生変わらない継続的で時間的に安定した存在である。つまり、「その人」が存在するということは、「その性格」が存在するということを意味するのである。その意味で、「人の性格」は「本」や「花」等のように時間の流れと共に変化することのない「実体」あるいは「もの」と同じということになる。しかし、「性格」は実体でもものでもない。このような存在が偶有的属性と区別され、やはり実体ではないが持続的な存在である、属性の属性と同じグループに括られ、副詞同様［－主格；－時制］の特徴を持つ形容動詞が対応しているのである。形容詞の「ずる－（い）」や「おとなし－（い）」等も「人の性格」を指示するが、形容動詞の場合とは異なる。これらは、「おとなし－い　犬」や「ずる－い　きつね」等のように動物にも用いられ、その用法は人間の性格に限定されていない。

　次に、VALUE（評価）であるが、形容動詞のみならず形容詞も指示する。(21) ②に挙げた「みごと」や「ちゃち」は形容動詞であり、(20) ⑥に挙げた「おいし－（い）」、「難し－（い）」は同じVALUE（評価）でも形容詞である。しかし、時間的な安定性という意味で、やはり両者は区別される。例えば、「この作品はみごと－だ」における形容動詞「みごと」は、時間を掛けた様々な角度からの総合的な考察の結果としての「評価」であり、その評価は安定的であり、持続的である。今この瞬間に、「みごと」とされた作品の評価が容易に変わるようなことは通常ない。しかし、形容詞の表わすVALUE（評価）はそうではない。例えば、「このピザはおいし－い」における形容詞「おいしい」は、目の前にあるピザそれ自体の、その瞬間における評価であって、時間の経過と共に変わる。同じピザであっても30分も経たずに、冷めて「まずく」なる。つまり、同じくVALUE（評価）を指示していても、形容動詞の場合は、時間的に安定した持続的な存在を指示し、形容詞のように時間的展開の関わる瞬間的あるいは偶有的な存在とは区別されているということである。

以上が形容動詞の主な指示対象であるが、他にごく少数ではあるが、feeling（感情）やPHYSICAL PROPERTY（物体の性質）を指示する語も存在する。下記の（22）はその例である。

(22) その他の「形容動詞」の意味領域
 ① HUMAN PROPENSITY（人の性癖）
  ・feeling（感情）
  好き、嫌い
 ② PHYSICAL PROPERTY（物体の性質）
  平ら、いびつ

上記の（20）⑦に示されていたように、feeling（感情）を指す形容詞は多数存在する。しかし、「恥ずかし-（い）、悲し-（い）、嬉し-（い）、悔し-（い）」等の形容詞はその場におけるその瞬間の偶有的、一時的な「感情」である。これとは対照的に、(22)①に挙げられている「好き、嫌い」等の形容動詞の指示する「感情」は、人の心の中に持続的に存在し時間的に安定している。PHYSICAL PROPERTY（物体の性質）に関しても、形容詞には前述の（20）②に示されているように多数存在する。しかし、(22)②の形容動詞とは時間的安定性においてやはり異なる。例えば、形容詞の「重-（い）」も、ある物のその時その場限りのものであり、より一層「重-い」ものと比較すれば、同じ物でも「軽-い」ということになる。しかし、形容動詞の指示対象「平ら」や「いびつ」は、他のものとの比較において変わるものではない。「平ら」はいつでも「平ら」であり、「いびつ」は「いびつ」であり、継続的であり時間的に安定している。

なお、上記の（20）には形容動詞にはない形容詞に固有の意味領域、——即ち、「厚-（い）、長-（い）」等のDIMENSION（寸法・次元）、「早-（い）、遅-（い）」等のSPEED（速度）、「若-（い）、幼-（い）」等のAGE（年齢）、「きびし-（い）、むご-（い）」等のhuman propensity（性癖）、「赤-（い）、青-（い）、白-（い）」等のCOLOUR（色）——が挙げられているが、これらも既述の形容詞の意味タイプの特徴と基本的に一致している。つまり、同類に属するいわゆる「動詞」の指示する行為等と同様に、その時、その場に

おける瞬間的で偶有的な存在を指示する。実際、「若-（い）、幼-（い）」は時間の流れの影響を受ける。「早-（い）、遅-（い）」等もその場、その瞬間の状態を指す。同様に「赤-（い）、青-（い）、白-（い）」等の色も、「この　苺は　まだ　青-（い）」や「この　苺は　もう　赤-（い）」等のように、その場におけるその瞬間の状態を指示する。*12

　以上、R. M. W. Dixonによる意味タイプを基に、「形容動詞」の指示対象について、同じく属性を表わす「形容詞」と比較対照した。その結果、［-主格；-時制］の特徴を持つ「形容動詞」は属性ではあっても、時間の流れという観点からは安定的で持続的な存在を指示し、［-主格；＋時制］の特徴を持つ形容詞（そしていわゆる「動詞」の多く）が指示する偶有的な「属性」とは明確に区別されていることが明らかになった。形式上の区別には意味的な裏付けがあるということである。時間との一体化を基に、全ての「属性」を「実体」と対置させ、「レーマ」と関連付けたアリストテレスの見解より、そして、現代文法における通説より精密に区分されていると言える。*13

3.2.3　「形容動詞」の文中における用法

　文中では形容動詞は、下記の例文（23）に示されているように接尾辞「-な」と結合して、いわゆる名詞の修飾語として用いられる。形容動詞はまた、例文（24）のように断定の「-だ／-だった」と結合して述語としても用いられるが、時制の「-る／-た」とも「-い／-かった」とも共起することはない。

　（23）まじめ-な　学生
　（24）a.　太郎-は　まじめ-だ
　　　　b.　*太郎-は　まじめ-い／-かった／-る／-た

下記の例文（25）に示されているように、［＋主格；-時制］のグループに属する語「男」が述語として用いられる場合と全く同じである。

　（25）a.　太郎-は　男-だ
　　　　b.　*太郎-は　男-い／-かった／-る／-た

更に、「まじめ」と共起する接尾辞「-だ」は、「男」と共起する「-だ」がそうであるように、省略されることもあり、「太郎は　まじめ」も容認される。前節の3.2.2で形容動詞が時間的に安定した属性を指示し、属性と時とは必ずしも一体ではないことを述べたが、主語的表現「オノマ」と同様、時の流れというものには関わりのない述語的表現「レーマ」もあるということであり、それゆえ形容動詞は主格のみならず時制とも結合しない［－主格；－時制］の成員なのである。換言すると、アリストテレスの見解に淵源する、時に基づく主語的表現と述語的表現、つまり、オノマ（名詞）とレーマ（動詞）との二区分に形容動詞は疑問を呈しているということである。

4．おわりに

本章では第5章で提案した日本語（厳密には和語）における語彙要素「語基」の形式上の四区分が、意味との間に高度に体系化した対応関係があることを、名詞と動詞の二区分に対立する［＋主格；＋時制］及び［－主格；－時制］の類に焦点を当てて明らかにした。伝統の二区分と対立しない二類、つまり、［＋主格；－時制］の類にはいわゆる「名詞」の多くが属し時間的に安定した実在世界に通常存在するものを指示し、［－主格；＋時制］の類にはいわゆる「動詞」と「形容詞」（イ-形容詞）の多くが属し、時の流れと関わる行為や状態等事象を指示する。これに対し［＋主格；＋時制］類の成員が指示するのは、当然のものとして常に存在するわけではないか予期されない特殊な存在であるが、一旦存在すると持続的、継続的に存在するものである。［－主格；－時制］には副詞と形容動詞が属する。前者は実体ではないが持続的な存在である属性の属性を指示し、後者はやはり、実体ではないが持続的な存在としての属性を指示する。このように一見混沌として何ら明確な境界がないかに見える語彙も、語基の持つ形態論的特徴に注目すると、意味上一貫したグループをなしていることが明らかになった。また、これらの文中における用法を通して、(i) 語の統語論的な側面と意味論的、

形態論的側面との間にあるとされる相互依存的関係に疑義を呈し、単語の自律性も示唆した。更に、(ii) 時間との関わりを基に、実体と属性という存在論上の二区分も主語的表現と述語的表現、即ち、オノマ（名詞）とレーマ（動詞）という言語上の二区分も日本語には適用できないことを明らかにした。

最後に、いかなる言語においても語彙項目は分類されるし、語類の解明は、その言語の文法構造の研究と記述に基本的で不可欠なものである。「名詞」と「動詞」の区別は、古代ギリシャ語の「オノマ」と「レーマ」の区別に由来し、世界の言語に普遍的で必須の区別として、「品詞論」における出発点の地位を保障され続けてきた。しかし、日本語（厳密には和語）の分析は違った。提案の主要な四類はどれ一つも伝統の名詞や動詞と置き換えることはできないが、意味的に一貫しており、品詞にまつわる従来の問題も解決され日本語には適合する。日本人（厳密には日本語の母語話者）は、森羅万象のこの世界をまずもって四区分し、語彙要素の区分と対応させているということであり、文の構造を拠り所にしたアリストテレスによる「$\overset{オノマ}{ονομα}・\overset{レーマ}{ρημα}$＝主語・述語＝実体・属性」、即ち、現代文法における「名詞・動詞＝主語・述語＝物・行為」という伝統の二分法に、そしてそれを基本的区分とした語の分類に日本語は疑義を呈しているということである。

同様のことが、他の言語にも言える。例えば、英語の'rust'（錆）も、同一の存在を指示し、'Rust has been formed on a pot'（鍋に錆がついた）のように文中で主語として用いられ、また、'A pot got rusted'（鍋が錆びた）のように述語としても用いられる。このような語彙項目は、'dream'、'water'、'book'等日本語以上に多く、英語における言葉と世界との関係は日本語の場合とは異なることが予想される。また、英語における語自体の区分が何に基づくものか、自明ではない。しかし、上記の例からも明らかなように、少なくとも'rust'は、日本語の「錆」の場合と同様に、主語や述語という文中の機能を基に語の範疇も、また、指示対象、つまり語の意味論的特徴も予測できないことを示している。同様のことが中国語においても言える。例えば、「锈」（さび）は文中で「自行车锈

了」（自転車が錆びた）のように述語として用いられ、また、「上」（〜になる）と「表面」（表面）を含む文「自行车的表面上锈了」（自転車の表面に錆がついた）に見られるように主語としても用いられる*14。「霉」（黴）も同じで、「面包霉了」（パンが黴びた）では述語として用いられ、また、「发」（生える）を含む文「面包发霉了」（パンに黴が生えた）では主語として用いられている。山田慶児（1968：198-199）は語尾活用のない孤立語である中国語について、「中国語には名詞と動詞との、さらには形容詞や副詞との本来的な区別はない。だから、主語と述語との本来的な区別も分明でない。ひとつの語を、同一の構文のなかにあってさえ、主語とも述語とも解釈できる」と述べている。*15 古典期ギリシャの哲学者による二分法に、そしてそれに由来する「名詞」と「動詞」の区別に疑義を呈しているのは独り日本語のみではないということである。

---

*1　第6章の1-3節は Yamahashi（2010）及び山橋（2010）の内容を敷衍したものである。また、3.2節では山橋（2009）の内容を基に Yamahashi（2010）のように、「言語に普遍的な形容詞の意味タイプ」を「言語に普遍的な意味タイプ」に修正して参照した。

*2　しばしば、形容詞「赤-い」、「青-い」、「黒-い」「白-い」は、「赤」、「青」、「黒」、「白」の「名詞」に転成するとされる（金田一春彦・秋永一枝2001；森岡健二1994他参照）。しかし、本書では下記に示されているように、両者のアクセントパターンが異なるので、本来別々の要素と捉える。

　　　a̅ka (-ga)　vs　a̅ka̅i　；　a̅o (-ga)　vs　ao̅i
　　　ku̅ro (-ga)　vs　kuro̅i；si̅ro (-ga)　vs　siro̅i
　　　　　　　　　　　　　　　（金田一春彦・秋永一枝2001参照）

従って、「赤-い、青-い、黒-い、白-い」は[-主格；+時制]の類に属するが、「赤、青、黒、白」は[+主格；-時制]の類に属する。

*3　[+主格；+時制]の類は時制との結合性において、「-る（非過去）／-た（過去）」と結合するグループと「-い（非過去）／-かった（過去）」と結合するグループに下位区分されるが、後者に属するものに「丸」がある（第5章4節(26)参照）。「丸」は一般に形容詞「丸-い」からの「転成名詞」とされる（森岡健二1994；金田一春彦・秋永一枝2001他参照）が、意味的相関性とアクセントパターンの同一性（maru (-ga)；maru (-i)、金田一春彦・秋永一枝

2001）に基づくものである。西尾寅弥・宮島達夫（1972）を参照する限り、このグループに属するのは「丸」のみである。

＊4 （3）に挙げた語基は、「かすれ（-る）、かぶれ（-る）、よじれ（-る）、くされ（-る）、ささくれ（-る）」以外は、主格の「-が」が結合する場合も時制の「-る」が結合する場合もアクセントパターンは同じである。金田一春彦・秋永一枝（2001）では、日常用語のみを扱っているが、「かすれ（-が）、かぶれ（-が）、よじれ（-が）、くされ（-が）」のアクセントは掲載されていない。しかし、これらはそれぞれ、掲載されている「かすれ-る、かぶれ-る、よじれ-る、くされ-る」のアクセントパターンと同じと考える。「ささくれ」に関しては、下記に示されているように、「ささくれ-る」の場合は「れ」reの後続音が下がり起伏式であり、「ささくれ-が」の場合は下がらず、平板式という違いはあるが、それ以外の部分は同じである。

　　　sa͞sakure (-ga)　vs　sa͞sakure| (-ru)

しかし、「ささくれ」のように、四音節（モーラ）以上からなる長い語の場合、起伏式と平板式の交替形が発生することがあり（金田一春彦・秋永一枝 2001：アクセント習得法則 pp. 11～13 参照）、従って、下記のアクセントパターンも存在する。

　　　sa͞sakure| (-ga)　vs　sa͞sakure (-ru)

以上を基に、本書では「ささくれ-が」と「ささくれ-る」はともに同じアクセントパターンを有すると見なす。

＊5 Yamahashi（2010）では *simetuke* 'pressure' も ［+主格；+時制］のグループの成員に挙げられているが、「締め付け」は複合語なので削除する。

＊6 活用のない自立語でもっぱら名詞の前で連体修飾語としてはたらく連体詞も ［-主格；-時制］のグループの一員と見なし得る。しかし、国語学会編（1980：924）では「このような品詞［連体詞］は、古代日本語には殆ど存在せず、近代日本語から現れはじめて現代に至っているものが多く、従っていわゆる転来、すなわち他品詞から転じてなったものが大部分を占める」とされ、また、鈴木重幸（1996：77）でも「これらは主として名詞のの格、動詞の連体形が遊離、孤立化したもの、および古代語（文語）の名詞のの格、が格、動詞の連体形が化石的にのこったもの」とされ、連体詞本来の語はないとされている。実際、「例の、もよりの、ずぶの、わが、さる」等（城田俊 1998：232 より）の例からもこのことが読み取れる。従って、本書では連体詞を考察の対象に含めない。

＊7 「ことがら的意味」とは、文の「話し手が客観的に世界の事象、心象を描こうとする部分」（寺村秀夫 1982：51）で、「それを「素材」として話し手が自分の態度を相手に示そうとする部分」（同上）とは区別されている。

＊8 本書では、3.2.1節でも述べるように、「かなり」、「わずか」、「はるか」等は、意味上、程度を表わすので副詞と見なす。（他の立場等の詳細は第 1 章 2.4 節を参照。）

＊9 但し、上原聡（2002）は認知言語学の立場から、形容詞と形容動詞とは、形式上区別されているように意味上も区別できると主張している。（詳細は、第 5 章の注 17 を参照。）

＊10 八亀裕美（2008）も、「具体的・一時的・偶発的な〈現象〉か、ポテン

シャルで恒常的な〈本質〉か」(p.28) という「時間的限定性」の有無を一つの軸に形容詞を分類している。しかし本書と異なり、「形容詞」(イ-形容詞)も「形容動詞」(ナ-形容詞)も一括りに「形容詞」としており、両者間の形態論的相違に焦点を当てたものではない。品詞を連続的なものと捉え、temporal stability (時間的安定性) を基に「名詞」と「動詞」を区別し「形容詞」を中間に位置づけた Talmy Givón (2001) の原理を根底に据えた、漢語も派生語も含めた「語彙＝文法的な分類」である。

＊11　分析の対象を抽出するに当たり、西尾寅弥・宮島達夫 (1972：267)『国立国語研究所資料 7 動詞・形容詞問題語用例集』の「形容動詞（和語）」のリストを中心に、森岡健二 (1997)、西尾実他編 (2000)『岩波国語辞典　第六版』、金田一京助他編 (2002)『新選　国語辞典　第八版』等を参照した。

＊12　益岡隆志 (1987；2000；2004) は叙述の類型を、ある時・空間に存在する事象を表わす「事象叙述」とある対象が永続的属性（特徴や性質）を有することを表わす「属性叙述」とに大きく二分している。（益岡における「属性」はアリストテレスにおける「実体」と対立する「属性」とは異なる）。両者は文構造や時間との関わり等で区別されるが、影山太郎 (2008：21-22) の指摘にあるように動詞や形容詞等の品詞で一義的に規定されることはない。従って、「動詞」や「イ-形容詞」が「永続的属性」を表わすこともある。例えば、「雪が　白い」の「白い」は「雪」の一時的状態を表現した「事象叙述」における述語であるが（益岡2000：45）、「雪は　白い」の「白い」は「雪」の恒常的な「属性叙述」における述語（同上 p.42）である。本書では語彙項目のみに注目するが、「白-い」は「-主格；＋時制」の類に属し、形態論上「白-かった」が可能、従って「偶有的属性」を指し、雪の付帯的な性質付けをすると見なす。実際、雪は「空中で水蒸気が昇華し結晶となって降るもの」（『広辞苑　第六版』）であるが、大気中の微小な浮遊物を取り込みやすく、恒常的に「白い」わけではない。例えば、朝鮮半島では雪に黄砂が混じり「高句麗時代 (644年) の陰暦10月に降った雪は赤かったという記録がある……日本でも古文書などにしばしば赤（紅）雪、黄雪の観測記録が残されている。」(環境省海外環境協力センター　2004)。ロシアのオムスク州では、2007年 2 月に広い範囲でオレンジ色の雪が降った (BBC News 2007) とある。本質規定とは何なのか。そして、文構造の観点からは「白-い」等色が「もの」の本質規定をなしうるのか今後の課題とする。

＊13　形容詞と形容動詞の両品詞に意味的差異を認めない立場の根拠として、「大きい」と「大きな」、「小さい」と「小さな」等のペアをなす語が挙げられることがある (A. E. Backhouse1984 他) が、これらの背後には歴史的関連性があることが指摘されている。例えば、松村明（編）(1995：312) によると、「大きい」は形容動詞「大きな」の語幹を形容詞化した語であり、室町以降の語である。しかし、共時的観点から、現在「大きな　お世話-だ」とは言うが、「＊大き-い　お世話-だ」とは言わないことが示しているように、意味的に異なり両者は常に交替可能ではない。同様に、「小さな　親切」は容認されるが「＊小さ-い　親切」も不自然である。更に、「大きな」や「小さな」等は連体修飾語として用いられるが、「まじめ-な／-だ／-だった」等のいわゆる形容動詞のように、断定を表わす「-だ／-だった」と共起することはない。従って、「＊大

き-だ／-だった」、「＊小さ-だ／-だった」は容認されず、述語として用いられることはない。従って、本書では「大きな」や「小さな」等を形容動詞とはせず新村出編（2008）、西尾実他編（2000）、大槻文彦（1982：307）等の立場と同じく連体詞とし、ここでの議論から除外する。同様のことが、「おかし-い」とペアをなすとされる「おかしな」にも言える。「おかしな　話」は容認されるが「＊おかし-い　話」は容認されないし、また、「＊おかし-だ／-だった」も容認されない。連体詞は既述のように、品詞体系上の扱いも未だ解明されていない小グループの語群であり、それ本来の語を持たず他の品詞からの転移が多く、本書の分析対象ではない。（詳細は本章の注6参照）

＊14　例文「自行車的表面上锈了」（自転車の表面に錆がついた）は張偉雄先生、他の中国語の例文は母語話者である院生アニンさんから頂いたものである。

＊15　山田慶児（1968）からの引用は、長谷川吉昌先生からの御指摘がきっかけである。

参考文献

〈日本語の文献〉

有坂秀世（1959）『音韻論　増補版』三省堂.
アリストテレス『詩学（創作論）』藤沢令夫訳（1966），田中美知太郎編『世界古典文学全集16』pp. 3-57，筑摩書房.
アリストテレス『カテゴリアイ（範疇論）』松永雄二訳（1966），田中美知太郎編『世古典文学全集16』pp. 167-204，筑摩書房.
アリストテレス『命題論（言葉によるものごとの明示について）』，水野有庸訳（1966），田中美知太郎編『世界古典文学全集16』pp. 205-241，筑摩書房.
イェスペルセン，オットー（1924）『文法の原理』半田一郎訳（1958）岩波書店.
イェルムスレウ，ルイス（1928）『一般文法の原理』小林英夫訳（1958）三省堂.
池原悟・宮崎正弘・白井諭・横尾昭男・中岩浩巳・小倉健太郎編（1997）『日本語語彙大系1　意味体系』岩波書店.
犬飼隆（1997）「拍」小池清治他編『日本語学キーワード事典』p. 339，朝倉書店.
井上勝也（1994）『錆をめぐる話題』裳華房.
今井喜昭（1990）「わが日本語教育ノート（一）」『日本語の学習と研究』pp. 1-8，北京対外貿易学院.
今井喜昭（1991）「"名詞に転成する動詞"および"サ変動詞を形成する名詞"をめぐる各問題について―日本語教育の視座から―」『日本語の学習と研究』pp. 1-4，北京対外貿易学院.
上野善道（2002）「アクセント記述の方法」飛田良文・佐藤武義編『現代日本語講座　第3巻　発音』pp. 163-186，明治書院.
上原聡（2002）「日本語における語彙のカテゴリ化―形容詞と形容動詞の差について―」，大堀壽夫編『認知言語学II：カテゴリ化』pp. 81-103，東京大学出版会.
上山あゆみ（1991）『はじめての人の言語学』くろしお出版.
牛田徳子（1991）『アリストテレス哲学の研究―その基礎概念をめぐって―』創文社.
大槻文彦（1897）『広日本文典』『広日本文典別記』（1980に勉誠社から『広日本文典・堂別記』としてリプリント参照）.
大槻文彦（1982）『新編大言海』冨山房.
大堀壽夫（2002）『認知言語学II：カテゴリー化』東京大学出版会.
奥田靖雄（1984）『ことばの研究・序説』むぎ書房.

奥津敬一郎（1986）「分類学的文法論」奥津敬一郎・沼田善子・杉本武『いわゆる日本語助詞の研究』pp. 3–7，凡人社．

影山太郎（1993）『文法と語形成』ひつじ書房．

影山太郎（1995）「文と単語」『日本語学』14–5，宮地裕編『「日本語学」特集テーマ別ファイル 3　語彙 I』（2005）pp. 196–204，明治書院．

影山太郎（2008）「属性叙述と語形成」益岡隆志編『叙述類型論』pp. 21–43，くろしお出版．

加藤重広（2001）『日本語における修飾構造と品詞体系』（第 1 部予備的考察，第 2 部連体修飾論，第 3 部連用修飾論，第 4 部機能と品詞性），東京大学博士論文．

加藤重広（2008）『日本語の品詞体系の通言語的課題』「アジア・アフリカの言語と言語学 3』pp. 5–28，東京外国語大学アジア・アフリカ言語文化研究所．

岸谷尚子（1977）「単語の認定と品詞の分類―日独語対照記述の方法を求めて―」『外国語科研究紀要―ドイツ語学文学論文集―』25–1，pp. 1–57，東京大学教養部外国語科．

北原保雄・久保田淳・谷脇理史・徳川宗賢・林大・前田富貴・松井栄一・渡辺実編（2001）『日本国語大辞典第二版』小学館．

金水敏（1997）「第 4 章　国文法」益岡隆志・仁田義雄・郡司隆男『岩波講座言語の科学 5　文法』pp. 119–157，岩波書店．

金田一京助・佐伯梅友・大石初太郎・野村雅昭編（2002）『新選　国語辞典第八版』小学館．

金田一春彦監修・秋永一枝編（2001）『新明解アクセント辞典』三省堂．

国広哲弥（2002）「連用形転成名詞の新用法は異常か」『月刊言語』31–9，pp. 74–77，大修館書店．

国語学会編（1980）『国語学大辞典』東京堂出版．

国立国語研究所編（2004）『分類語彙表　増補改訂版』大日本図書．

小西友七／南出康世編（2001）『ジーニアス英和大辞典』大修館書店．

小矢野哲夫（2005）「形容詞」水谷修他編『新版　日本語教育辞典』pp. 83–84，大修館書店．

斎藤倫明（1992）『現代日本語の語構成論的研究―語における形と意味―』ひつじ書房．

斎藤倫明（1995）「語彙素とその意味」『日本語学』vol. 14，宮地裕編『「日本語学」特集テーマ別ファイル 3　語彙 I』（2005）pp. 205–212，明治書院．

阪倉篤義（1997）「語構成序説」斎藤倫明・石井正彦編『語構成』pp. 7–23，ひつじ書房．

定延利之（2003）「書評　宮岡伯人著『「語」とはなにか―エスキモー語から日本語をみる―』」日本語文法学会編『日本語文法』3–1，pp. 135–146．

サピーア，エドワード（1921）『言語―ことばの研究―』泉井久之助訳（1957）紀伊國屋書店．

柴田武（1982）「チイサイ・チイサナ，オオキイ・オオキナ」柴田武・国広哲弥他『ことばの意味 3―辞書に書いていないこと―』pp. 138–145，平凡社．

柴田武・国広哲弥・長島善郎・山田進・浅野百合子（1979）『ことばの意味 2

―辞書に書いてないこと―』平凡社.
柴田武・山田進編（2002）『類語大辞典』講談社.
柴谷方良（1978）『日本語の分析』大修館書店.
柴谷方良・影山太郎・田守育啓（1981）『言語の構造　音声・音韻篇―理論と分析―』くろしお出版.
城田俊（1998）『日本語形態論』ひつじ書房.
新村出編（2008）『広辞苑　第六版』岩波書店.
杉浦茂夫（1985）「外国語の品詞分類」鈴木一彦・林巨樹編『研究資料日本文法①　品詞論体言編』pp. 164–186, 明治書院.
鈴木重幸（1996）『形態論・序説』むぎ書房.
鈴木丹士朗（1972）「動詞の問題点」鈴木一彦・林巨樹編『品詞別　日本文法講座3　動詞』pp. 134–181, 明治書院.
ソシュール，フェルディナン・ド（1949）『ソシュール一般言語学講義』小林英夫訳（1973）岩波書店.
高橋太郎（1996）「品詞の構成」『国文学　解釈と鑑賞』61-1, pp. 14–19, 至文堂.
田中春美他（1988）『現代言語学辞典』成美堂.
崔絢喆（2003）『日本語の韻律構造』風間書房.
辻幸夫編（2002）『認知言語学キーワード事典』研究社.
土屋俊（1993）「品詞をめぐる言語学と哲学との戦い」『月刊言語』22-10, pp. 74–81.
テイラー，ジョン・R.（1995）『認知言語学のための14章』辻幸夫訳（1996）紀伊國屋書店.
寺村秀夫（1982）『日本語のシンタックスと意味　I』くろしお出版.
寺村秀夫（1984）『日本語のシンタックスと意味　II』くろしお出版.
寺村秀夫・鈴木泰・野田尚史・矢澤真人（1987）『ケーススタディー日本文法』おうふう.
時枝誠記（1941）『国語学原論』岩波書店.
時枝誠記（1950）『日本文法口語編』岩波書店.
トムセン，ヴィルヘルム（1919）『言語史』泉井久之助・高谷信一訳（1967）清水弘文堂書房.
中山俊秀（2007）「記述の現場から見た形態論」『月刊　言語』36-8, pp. 34–41, 大修館書店.
西尾寅弥（1961）「動詞連用形の名詞化に関する一考察」『国語学』43, pp. 60–81, 国語学会.
西尾寅弥（1972）『国立国語研究所報告44　形容詞の意味・用法の記述的研究』秀英出版.
西尾寅弥（1988）『現代語彙の研究』明治書院.
西尾寅弥・宮島達夫（1972）『国立国語研究所資料集7　動詞・形容詞問題語用例集』秀英出版.
西尾実・岩淵悦太郎・水谷静夫編（2000）『岩波国語辞典　第六版』岩波書店.
仁田義雄（1997a）『日本語文法研究序説―日本語の記述文法を目指して―』くろしお出版.

仁田義雄（1997b）「1. 文法とは何か」益岡隆志・仁田義雄・郡司隆男・金水敏『岩波講座　言語の科学5　文法』pp. 1–40, 岩波書店.
仁田義雄（2000）「単語と単語の類別」仁田義雄・村木新次郎・柴谷方良・矢澤真人『日本語の文法1　文の骨格』pp. 1–40, 岩波書店.
仁田義雄（2002）『副詞的表現の諸相』くろしお出版.
仁田義雄・村木新次郎・柴谷方良・矢澤真人（2000）『日本語の文法1　文の骨格』岩波書店.
野村雅昭（1977）「造語法」宮島達夫他『岩波講座　日本語9　語彙と意味』pp. 245–284, 岩波書店.
橋本進吉（1934）『国語法要説』明治書院.
橋本進吉（1946）『国語学概論』岩波書店.
橋本進吉（1948）『国語法研究』（橋本進吉博士著作集：第二冊）岩波書店.
服部四郎（1960）『言語学の方法』岩波書店.
服部四郎（1968）『岩波講座　哲学II　言語』岩波書店.
ハリス, ロイ・タルボット・J. テイラー（1989）『言語論のランドマーク—ソクラテスからソシュールまで—』斉藤伸治・滝沢直宏訳（1997）大修館書店.
ヴァンドリエス, J.（1921）『言語学概論—言語研究と歴史—』藤岡勝二訳（1938）刀江書院.
プラトン『ソピステス』藤沢令夫訳（1976）田中美知太郎・藤沢令夫編『プラトン全集3』岩波書店.
フリーズ, C. C.（1952）『英語の構造』大澤銀作訳（1985）文化書房博文社.
ブルームフィールド, L.（1933,1935）『言語』三宅鴻・日野資純訳（1962）大修館書店.
フレエ, アンリ（1929）『誤用の文法』小林英夫訳（1973）みすず書房.
ブロック, バーナード（1946）『ブロック日本語論考』R. ミラー編　林栄一監訳（1975）研究社.
益岡隆志（1987）『命題の文法—日本語文法序説—』くろしお出版.
益岡隆志（1991）『モダリティーの文法』くろしお出版.
益岡隆志（2000）『日本語文法の諸相』くろしお出版.
益岡隆志（2004）「日本語の主題—叙述の類型の観点から—」益岡隆志編『主題の対照』pp.3–17, くろしお出版.
益岡隆志（2007）『日本語モダリティー研究』くろしお出版.
益岡隆志・田窪行則（1992）『基礎日本語文法—改訂版—』くろしお出版.
松下大三郎（1908）「山田氏の日本文法論を評す」『國學院雑誌』14–10.
松下大三郎（1928）『改撰標準日本文法』紀元社（勉誠社復刊, 1977）.
松下大三郎（1930）『標準日本口語法』, 徳田政信編（1977）『増補校訂　標準日本口語法』勉誠社.
松村明編（1995）『大辞林　第二版』三省堂.
松村一登（1993）「第一章　語の構造」風間喜代三・上野義道・松村一登・町田健『言語学』pp. 29–54, 東京大学出版会.
三上章（1959）『新訂版　現代語法序説』刀江書院（くろしお出版復刊1972）.
宮岡伯人（2002）『「語」とはなにか—エスキモー語から日本語をみる—』三省

堂.
宮地誠（2001）『カビ博士奮闘記―私，カビの味方です―』講談社.
宮島達夫（1957）『現代語の用字・用語教育2　単語教育』春秋社.
村上三寿（2010）「文を部分にわけることの意味」『国文学　解釈と鑑賞』75-7，pp. 6-15，至文堂.
村木新次郎（1991）『日本語動詞の諸相』ひつじ書房.
村木新次郎（1996）「意味と品詞分類」『国文学　解釈と鑑賞』61-1，pp. 20-30，至文堂.
村木新次郎（2010）「文の部分と品詞」『国文学　解釈と鑑賞』75-7，pp. 102-111，至文堂.
森岡健二（1984）「私の「基本語彙」観」『日本語学』3-2，宮地裕編『「日本語」特集テーマ別ファイル3　語彙Ⅰ』（2005）pp. 39-43，明治書院.
森岡健二（1988）『文法の記述』明治書院.
森岡健二（1994）『日本文法体系論』明治書院.
森岡健二（1997）「形態素論―語基の分類―」斎藤倫明・石井正彦編『語構成』pp. 57-58，ひつじ書房.
八亀裕美（2008）『日本語形容詞の記述的研究―類型論的視点から―』明治書院.
山田慶児（1968）「中国の文化と思考様式」『岩波講座　哲学13　文化』pp. 187-222，岩波書店.
山田小枝（1996）「品詞の普遍性と特殊性―ヨーロッパ言語の研究から―」『国文学　解釈と鑑賞』pp. 6-13，至文堂.
山田孝雄（1908）『日本文法論』宝文館.
山田孝雄（1922）『日本文法講義』宝文館.
山田孝雄（1936）『日本文法学概論』宝文館.
山梨正明（2000）『認知言語学原理』くろしお出版.
山橋幸子（2009）「転成名詞の別の見方」『札幌大学総合論集』27，pp. 97-110，札幌大学.
山橋幸子（2009）「和語における「形容詞」と「形容動詞」の区別―形式と意味との関りを中心に―」『比較文化論叢』23，pp. 162-149，札幌大学.
山橋幸子（2010）「日本語における言葉と世界との関係―アリストテレスへの疑問―」『科学哲学』43-1，pp. 15-29，日本科学哲学会.
ランスロー，C. A. アルノー著（1960）ポール・リーチ編『ポール・ロワイヤル文法〈一般・理性文法〉』南舘英孝訳（1972）大修館書店.
レイコフ，ジョージ（1987）『認知意味論―言葉から見た人間の心―』池上嘉彦・川上誓作他訳（1993）紀伊國屋書店.
ロービンズ，R. H.（1964）『言語学概説』西野和子・藤森一明訳（1970）開文社.
ロウビンズ，R. H.（1990）『言語学史　第三版』中村完・後藤斉訳（1992）研究社出版.
渡辺実（1971）『国語構文論』塙書房.

〈英語の文献〉

Ackrill, J. L. (1963) *Aristotle—Categories and De Interpretatione*, Translated with Notes and Glossary. Oxford: Clarendon Press.

Apostle, Hippocrates G. (1980) *Aristotle's Categories and Proposition*, Translated with Commentaries and Glossary. Crinnell, Iowa: The Peripatetifc Press.

Arens, Hans (1984) *Aristotle's theory of language and its tradition-Texts from 500–1750*, Amsterdam/ Philadelphia: John Benjamins Pub. Co.

Bach, Emmon (1983) "Generalized Categorial Grammars and The English Auxiliaries", in Frank Heny and Barry Richards, eds., *Linguistic Categories: Auxiliaries and Relatd Pazzles* II, pp. 101–120. Dordrecht: Reidel Publishing Company.

Backhouse, A. E. (1984) "Have All the Adjectives Gone?", *Lingua* 62, pp. 169–186.

Baker, Mark C. (2003) *Lexical Categories—Verbs, Nouns, and Adjectives*, Cambridge: Cambridge University Press.

Beattie, James (1788) *The Theory of Language, with a New Preface by Kenneth Morris*, New York: AMS Press Inc., 1974.

Bloch, Bernard (1946) "Studies in colloquial Japanese I: Inflection", *Journal of the American Oriental Society*, Vol. 66, pp. 97–109.

Bloomfield, Leonard (1935) *Language*. London: George Allen & Unwin Ltd.

Buck, R. A. (1997) "Words that are their opposites: Noun to verb conversion in English", *Word*, pp. 1–14. International Linguistic Association.

Chapman, Siobhan and Christopher Routledge eds. (2005) *Key Thinkers in Linguistics and the Philosophy of Language*, pp. 1–7. Edinburg: Edinburg University Press.

Chomsky, Noam (1955) *The Logical Structure of Linguistic Theory*. New York: Plenum Press, 1975.

Chomsky, Noam (1957) *Syntactic Structure*. The Hague: Mouton.

Chomsky, Noam (1965) *Aspects of the Theory of Syntax*. Cambridge: MIT Press.

Chomsky, Noam (1981) *Lectures on government and binding: the Pisa Lectures. Studies in Generative Grammar* 9. Dordrecht: Foris.

Clark, Eve V. and Herbert H. Clark (1979) "When Nouns SurfaceasVerbs", *Language* 55-4, pp. 768–809.

Dixon, R. M. W. (1977) "Where have all the adjectives gone?", *Studies in language* 1, pp. 19–80.

Dixon, R. M. W. (2004) "Adjective Classes in Typological Perspective", in R. M. W. Dixon and Alexandra Y. Aikhenvald eds., *Adjective classes: a cross-linguistic typology. Explorations in linguistic typology* 1, pp. 1–49. Oxford/ New York: Oxford University Press.

Fillmore, C. J. (1968) "The case for case", in Emmon Bach and Robert T. Harms, eds., *Universals in Linguistic Theory*. New York: Holt, Rinehart, and Winston.

Giant, A. (2005) "Aristotle", in S.Chapman and Ch. Routledge, eds., *Key Thinkers in Linguistics and the Philosophy of Language*, pp.1–7. Edinburgh: Edinburgh University Press.

Givón, Talmy (2001) *Syntax: an introduction*, vol.1. Amsterdam/ Philadelphia: John Benjamins Pub. Co.

Harris, James (1751) *Hermes: Or, A Philosophical Inquiry concerning Language and Universal Grammar*, with explanatory remarks by Fumio Nakajima (1971). Tokyo: Nan'un-do.

Henderson, Harold G. (1948) *Handbook of Japanese Grammar*. New York: Houghton Mifflin.

Hippocrates, G. Apostle (1980) *Aristotle's Categories and Propositions*. Translated with commentaries and glossary. Iowa: The Peripatetic Press.

Hopper, Paul J. and Sandra A. Thompson (1984) "THE DISCOUSE BASIS FOR LEXICAL CATEGORIES IN UNIVERSAL GRAMMAR", *Language* 60-4, pp. 703–752.

Jacobsen, William (1979) "Noun and verb in Nootka", in Barbara Efrat ed., *the Victoria conference on northwestern Languages*, pp. 83–155. Victoria: British Columbia Provincial Museum.

Jespersen, Otto (1924) *The Philosophy of Grammar*. London: George Allen & Unwin Lit.

Jorden, Eleanor H. (1987) *Japanese: the spoken language*. New Haven: Yale University Press.

Kent, Roland G. (1958) *Varro: On the Latin Language* (with an English translation), vol. I, revised edition. Cambridge: Harvard University Press, London: William Heinemann Ltd.

Kent, Roland G. (1963) *Language and Philology*. New York: Cooper Square Publishers, Inc.

Kortum, Richard (2002) "Adverbs in perfomatives: speaking of truth and falsity". *Word* 53-3, pp. 305–319.

Kroeber, Alfred, and George Grace (1960) "The Sparkman Grammar of Luiseno", *UCPL16*, Barkeley and Los Angeles: University of California Press.

Martin, Samuel E. (1975) *A reference grammar of Japanese*. New Haven/ London: Yale University Press.

McClain, Yoko (1981) *Handbook of Modern Japanese Grammar*. Tokyo: Yuubunkan Shoten.

Modrak, D. K. (2001) *Aristotle's Theory of language and Meaning*. Cambridge: Cambridge University Press.

Moravcsik, J. M. E. (1967) "Aristotle's Theory of Categories", J. Moravcsik ed., *Aristotle: A collection of critical essays*, pp. 125–145. University of Notre Dame.

Rijk, L. M.de (1986) *Plato's Sophist: A Philosophical Commentary*. Amsterdam; New York: North Holland Pub. Co.

Rijk, L. M.de (2002) *Aristotle: Semantics and Ontology* 1. Leiden/Boston/Koln: Brill.
Robins R. H. (1964) *General Linguistics: an introductory survey*, Longman, Green and Co. Ltd.
Robins, R.H. (1967) *A Short History of Linguistics*. London: Longman.
Robins, R.H. (1990) *A Short History of Linguistics Third Edition*. London / New York: Longman.
Rosch, Eleanor (1978) "Principles of Categorization", in Rosch, E. and Lloyd, B. ed., *Cognition and Categorization*, pp. 27–48. Hillsdale, N. J.: Erlbaum.
Rose, James H. (1973) "Principled Limitations on Productivity in Denominal Verbs", *Foundations of Language* 10, pp. 509–526.
Sapir, E. (1921) *Language: An Introduction to the Study of Speech*, New York: Harcourt, Brace & World, Inc.
Schachter, Paul (1985) "Parts-of-speech systems", in Timothy Shopen ed., *Language Typology and Syntactic Description: Clause Structure*, pp. 3–61. Cambridge: Cambridge University Press.
Schmerling, Susan(1983)"Montague Morphophonemics", in Richardson, John F., Mitchell Marks, and Amy Chukerman, eds., *Paper from the Parasession on the INTERPLAY of PHONOLOGY, MORPHOLOGY, AND SYNTAX*. Chicago Linguistic Society.
Shibatani, Masayoshi (1990) *The language of Japan*. Cambridge: Cambridge University Press.
Steele, Susan (1988)"Lexical categories and the Luiseño absolutive: Another perspective on the universality of 'noun' and 'verb'". *International Journal of American Linguistics* 54, pp. 1–27.
Steele, Susan (2002) "Many Plurals: Inflection, Informational Additivity, and Morphological Processes", in Paul Boucher ed. *Many Morphologies*, pp. 82–108. Somerville: Cascadilla Press.
Swadesh, Morris (1939) "NOOTKA INTERNAL SYNTAX", *International Journal of American Linguistics* 9, pp. 77–102.
Taylor, J. Daniel (1974) *A Study of the Linguistic Theory of Marcus Terentius Varro*, Amsterdam: John Benjamins Pub. Co.
Taylor, Jhon R. (1995) *Linguistic Categorization: Prototypes in Linguistic Theory*, Oxford: Oxford University Press.
Uehara, Satoshi (1998) *Syntactic Categories in Japanese: A Cognitive and Typological Introduction*, Tokyo: Kuroshio shuppan.
Vendryes, J. (1921) *Language: A Linguistic Introduction to History*, translated by Paul Radin. London: Routledge & Kegan Paul Ltd. 1925.
Whitney, William Dwight (1867) *Language and The Study of Language*, London: N.Trubner & CO., Paternoster Row. Reprinted by Routledge/ Thoemmes Press. 1997.
Yamahashi, Sachiko (1988) *Resolving the problem of Japanese no: An analysis of words*. Ph. D. dissertation, University of Arizona, Tucson, Az.

Yamahashi, Sachiko (2010) "Teaching Lexical Categories and Learning about Lexical Categories from Teaching" *Language and Linguistics Compass*, 4-3, pp. 153-165. Oxford: Blackwell Publishing Ltd.

〈参考 URL〉
英国放送協会（2007年2月2日）BBC News「Russia probes smelly orange snow」
　　http://news.bbc.co.uk/1/hi/world/europe/6323611.stm（2012.12.26）
環境省海外環境協力センター（2004）『黄砂問題検討会中間報告書集』
　　http://www.env.go.jp/air/dss/report/01/index.html（2012.12.26）

あとがき

　私が米国で言語学の世界に入って、30余年になる。人間のことばとは、かくも複雑で深遠なものかと、到底極めつくすことのできるものではないことを進むほどに思い知らされる。だから面白いのかもしれない。もう一度生まれ直しても、またこの道を選びたい。
　思えば本書の完成までに長い年月が経過した。原点は今から四半世紀程前の1988年にアリゾナ大学大学院言語学研究科で書いた博士論文にある。ディレクターであった米国の言語学者 Dr. Susan Steele から師事された言語研究の方法と原理が、今日の私の言語研究の土台構築に大きく影響し、「品詞」の問題と取り組むきっかけとなった。Dr. Steele から受けた学恩の深さは計り知れない。衷心からの謝意を表したい。同様に、Dr. Richard Oehrle、Dr. Adrian Akmajian、Dr. Chisato Kitagawa、Dr. Don Bailey の博士論文コミティーメンバーの諸先生をはじめ、アリゾナ大学言語学研究科の諸先生から受けた数々の御教授も今日の私の言語研究の基礎構築に大きく影響している。改めて心からの謝意を表したい。
　「錆」の存在に気づき、アリストテレスの見解に疑問を持ったのは、帰国後10年程も経っての2005年である。その年日本科学哲学会大会で発表の機会を頂いたが、司会をして下さった哲学者丹治信春先生の「面白い見方」のおことばが、私にとっては新たな分野である哲学研究の心の支えとなった。ここに記して感謝したい。2006年度には、アリストテレスの研究及び語類の分析に多くを費やしたが、この在外研究を受け入れ、ディスカッションして下さった Dr. Donka Forkas を始めカリフォルニア大学 Sanata Cruz 校言語研究センターの諸先生方、そしてその機会を与えて下さった札幌大学に深謝する。
　本書はひつじ書房の決断で世に出ることになった。松本功社長そ

して担当者としてお世話して下さった海老澤絵莉さんに深謝したい。
　本書は平成24年度札幌大学学術図書出版助成制度の支援を受けての出版である。

2012年　札幌大学研究室にて

山橋幸子

索引

A–Z

absolutives 94
Aristotle（アリストテレス）22, 23, 24, 97, 112
Arnauld, A.（アルノー）28
attributives 39
Baker, Mark C. 7, 30
Beattie, James（ジェームズ・ビーティー）29, 39
Bloch, Bernard 50
Bloomfield, Leonard（レナード・ブルームフィールド）54, 65
Chomsky, Noam（ノーム・チョムスキー）13, 30
Givón, Talmy 35
Harris, James（ジェームズ・ハリス）29
Hjelmslev, Louis（ルイス・イェルムスレウ）6, 12, 25
Jacobsen, William 3
Jespersen, Otto（オットー・イェスペルセン）13, 47, 48, 51, 92, 96
Mill, Jhon Stuart 15
Lakoff, George（ジョージ・レーコフ）14
Lancelot, C.（ランスロー）28
Luiseño（ルイセーノ）語 4, 68
Nootka（ヌートカ）語 3
parts of speech 6
Plato（プラトン）20
R. M. W Dixon 117, 118
Rosch, Eleano 14
rust 125
Sapir, Edward（エドワード・サピア）31, 40
Schmerling, Susan 57
Steele, Susan 4, 5, 13, 19, 68, 70, 94
Susan Steeleの語類体系 69
Susan Steele（1988）の分類原理 1
Swadesh, Morris 3
syncategorematic 25, 38
Thomas von Erfurt（エアハートのトマス）27
Thrax, Dionysius（ディオニュシオス・トラクス）5, 26
value（評価）121
Varro, Marcus Terentius（ワロー）91
word class 6
Zēnōn（ゼノン）26

あ

アクセントの役割 61
有坂秀世 59, 60, 62, 63
アリストテレスの見解 25
アリストテレスの根本的な主張 23
アレキサンドリア文法学派 26
意義部の範疇 6
「苛め」109
意味的差異 128
「動き」87
「動く」87
「大きい」128
「大きな」128
大槻文彦 53
奥田靖雄 55, 56, 57
オノマ（onoma）22, 23, 37, 38
音韻 65
音韻の間接的機能 59
音韻論的音節 65

音韻論的完結体　59
音韻論的語　60, 61
音声的構造　57
音声的特徴　88

か

格助詞　82
各類の構成員　85
格を表す接尾辞　79
格を表わす接尾辞　80
「かすれ」　127
過程　99
「黴」　88, 103
「黴」と「黴びる」　104
「かぶれ」　127
「絡まる」　106
「絡む」　106
「借り」　108
「借り」の類義語　108
「借りる」の類義語　108
感情（feeling）　122
「傷」　105
機能範疇（functional categories）　6, 7
起伏式　51, 59
基本的な語彙要素　16
共義的表現　25
ギリシャ語の八語類　26
「くされ」　127
具体物　98, 101
グレィディエンス（gradience）　14
形式と意味との相関関係　12
形態素（morpheme）　51, 70
形態部の範疇　6
形態論的秩序　45
形容詞　8, 9, 18, 90, 96, 123
形容詞（イ-形容詞）　8, 117
形容詞（ナ-形容詞）　8
形容詞と形容動詞　128
形容詞の意味タイプ　122
形容詞（イ-形容詞）の意味領域　119
形容動詞　8, 9, 18, 36, 90, 96, 116, 117, 123

形容動詞（ナ-形容詞）　114
形容動詞（ナ-形容詞）の意味領域　120
形容動詞の意味領域　122
語彙素　4
語彙範疇（lexical categories）　7
行為　98
高低　58
高低（たかさ）アクセント（pitch accent）　58
語幹類　5
語基（base）　1, 50, 69, 71, 73, 74, 84
語基との結合性　77
古典的品詞論　14, 67
古典的品詞論の原理　87
ことがら的意味　127
語の分類原理の普遍性　13
語類　6, 7
語類の形態論的秩序　89

さ

最古の品詞分類　5
「ささくれ」　127
「錆」　32, 33, 88, 103, 110
錆ができるまでの化学変化　33, 103
「錆」と「錆びる」　103
「錆びる」　33, 102
酸化鉄（Fe_2O_3）　103
子音動詞　42
時間との一体化　123
事象（events）　98
事象叙述　128
時制　62
時制のマーカー　72, 95
時制を表す接尾辞　79
自然物　98
持続的　109
実在存在の特徴　104
実体　22, 23
「痺れ」　107
思弁文法学者　27
集合論的な分類　87
主格　83

［＋主格；＋時制］の指示対象　109
［＋主格；＋時制］の成員　101
［＋主格；＋時制］類　18, 104
［＋主格；－時制］　98
［＋主格；－時制］の成員　99
［－主格；＋時制］　98
［－主格；＋時制］の成員　99
［－主格；－時制］　18
主格の「-が」　83
主語　110
述語　110
主要な四類　125
状態　99
状態変化の結果産物　106
焦点　111
助詞　53, 54, 55, 62
叙述の類型　128
助動詞　53, 54, 55, 62
所有格（possessive）　69, 94
「白い」　128
人工物　98
ストア学派　26
精神的行為の概念　107
精神的行為の結果産物　107
接続助詞「-のに」　64
絶対格（absolutives）　68, 69
接尾辞（Suffix）　71, 73, 77
接尾辞の分布　82
属性　23
属性詞　29
属性叙述　128
ソピステス　37

―――

た

高さ　58
「-だ／-だった」　40, 95
「-だろう」　66
単語　53, 55, 56, 57, 61, 113
単語の自律性　113
単語の独自性　56
断定の助動詞　94
断定の「-だ」　63
断定の「-だ／-だった」　123
中国語　125
抽象物　98, 101, 106
「疲れ」　107
つなぎとしての形態素 'i'　45
転成　11, 41, 42, 48
（連用形）転成名詞　41
転成名詞の意味領域　43
転成名詞の範囲　47
同一語根　93
統語論的な側面と意味論的側面との関係　112
統語論的な側面と形態論的な側面との関係　111
動詞（verb）　28, 31, 39, 40
統成的機能　60
閉じたクラスの要素（閉鎖的語類、closed-class elements）　1, 19, 70, 72, 75

―――

な

二分法　97
日本語教育の現場　46
日本語のアクセント　58
認知言語学　14
「-ので」　64

―――

は

拍　65
橋本進吉　9, 54, 60
派生語（Affix）　42, 49, 76
派生辞（Affix）　71
服部四郎　66
「はるか」　10, 11
範疇論　22
鼻音化　63
ピッチ単位（pitch unit）　62
人の性格（human character）　36, 120
開いたクラスの要素（開放的語類、open-class elements）　19, 73
品詞　6
品詞間の区別　16

145

品詞体系上の位置づけ　9, 10
「品詞」分類　1
ファジー（fuzzy）カテゴリー　14
副詞　10, 18, 35, 89, 90, 114, 116
物体の性質（physical property）　122
普遍的な意味タイプ　118
文節　54, 60, 61
文中における機能　110
文法範疇　6
分類基準　2, 67
分類対象　68
分類の対象　4
平板式　51, 59
母音動詞　42
「惚け」　107
ポール・ロワイヤル学派　13
ポール・ロワイヤル派　28
ポール・ロワイヤル文法〈一般・理性文法〉　28

―――

ま

松下大三郎　54
村木新次郎　3
名詞（noun）　28, 29, 31, 39, 40
「名詞」と「動詞」の区別　125

命題の要素　15
命題論　23, 37
モダリティーの要素　15
「縺れ」の類義語　105
「縺れる」の類義語　105
モディスト　27
もの（entities）　98, 106, 109
モーラ　65

―――

や

山田孝雄　53
様態論者　27
「よじれ」　127
四つの主要な類　17, 84, 86
四区分　92
レーマ（rhema）　22, 23, 35, 37, 38, 124
連体詞　127
論理上の各区分　83

―――

わ

「わずか」　10, 11
話線的関係　59
ワローの言語理論　91, 93
ワローの語類体系　93

山橋幸子（やまはし さちこ）

略歴

1944年生まれ。北海道出身。アリゾナ大学言語学研究科博士課程修了。言語学博士。札幌大学文化学部・大学院文化学研究科教授。

主な論文

「日本語から見た言葉と世界との関係―アリストテレスへの疑問」（『科学哲学』43-1、日本科学哲学会、2010）、"Teaching Language Categories and Learning about Language Categories from Teaching" (*Language and Linguistics Compass* 4-3, Blackwell Publishing Ltd., 2010)、「「てくれる」の意味機能―「てあげる」との対比において」（『日本語教育』103号、日本語教育学会、1999）。

ひつじ研究叢書〈言語編〉第106巻
品詞論再考
名詞と動詞の区別への疑問

発行	2013年2月27日　初版1刷
定価	8200円＋税
著者	ⓒ山橋幸子
発行者	松本功
ブックデザイン	白井敬尚形成事務所
印刷・製本所	株式会社 シナノ
発行所	株式会社 ひつじ書房

〒112-0011　東京都文京区千石2-1-2 大和ビル2階
Tel: 03-5319-4916　Fax: 03-5319-4917
郵便振替 00120-8-142852
toiawase@hituzi.co.jp　http://www.hituzi.co.jp

ISBN978-4-89476-629-7

造本には充分注意しておりますが、落丁・乱丁などがございましたら、小社かお買上げ書店にておとりかえいたします。
ご意見、ご感想など、小社までお寄せ下されば幸いです。

刊行のご案内

再構築した日本語文法
小島剛一 著　定価 3,400 円 + 税

〈ひつじ研究叢書（言語編）　第 101 巻〉
日本語の品詞体系とその周辺
村木新次郎 著　定価 5,600 円 + 税